Riccardo Gazzaniga

Come fiori che rompono l'asfalto

Venti storie di coraggio

Illustrazioni di Piero Macola

BUR
Rizzoli

Pubblicato per

BUR Rizzoli

da Mondadori Libri S.p.A.

Pubblicato in accordo con Grandi & Associati, Milano
Le illustrazioni di Piero Macola sono pubblicate in accordo con Amaca Agency, Parigi

Prima edizione Rizzoli: settembre 2020
Prima edizione Best BUR: settembre 2021
Quarta edizione Best BUR: febbraio 2023

ISBN 978-88-17-15809-1

Progetto grafico: Chiara Collinassi / studio pym

Chi cammina talvolta cade.
Solo chi sta seduto non cade mai.
Sandro Pertini

1

QUESTA ROSA NON MORIRÀ

Storia di Hans e Sophie Scholl

Quando Sophie Scholl, suo fratello Hans e il loro amico Christoph Probst iniziano a percorrere la strada che li trasformerà nei più temuti oppositori interni del Terzo Reich nazista, sono poco più che ventenni.

Eppure hanno già avuto una vita intensa.

Da ragazzino Hans Scholl, come Sophie, è un membro entusiasta della Gioventù hitleriana.

Durante un'adunata oceanica a Norimberga, però, inizia ad avere dubbi sul regime: la folla che celebra Hitler lo spaventa.

Man mano si rende conto sempre meglio della natura aberrante delle idee naziste e decide di prendere le distanze, entrando in quel Movimento giovanile tedesco che il Reich ha messo fuorilegge.

Per questo e per le sue posizioni ostili al regime, Hans è già stato arrestato.

Durante la Seconda guerra mondiale lui e l'amico Christoph vengono arruolati come "ausiliari" fra le truppe della Wehrmacht, la fanteria tedesca. Gli ausiliari sono un corpo inquadrato militarmente ma non impegnato in azioni belliche che offre sostegno logistico alle truppe e, al tempo stesso, contribuisce a indottrinare i suoi membri con le ideologie naziste.

Ma per Hans e Christoph accade il contrario: i due amici vanno sul fronte russo e lì, nonostante il divieto di rivolgere la parola alle popolazioni locali, parlano, chiedono, vanno nelle chiese, osservano con i loro occhi le tremende brutalità commesse ai danni degli ebrei e dei polacchi. Così capiscono quale terribile vergogna si abbatterà sulla Germania responsabile di quei crimini e, insieme, si rendono conto che la follia di Hitler condurrà il loro paese alla rovina e alla sconfitta, perché i nazisti non riusciranno mai a occupare e controllare l'enorme territorio dell'Unione Sovietica.

Rientrato in Germania, Hans s'iscrive alla facoltà

di Medicina e ottiene buoni risultati negli esami, ma non trova pace.

«Non è assurdo continuare a studiare, aspettando che un giorno la guerra finisca e che tutti i popoli ci accusino di aver sopportato un governo simile senza opporre resistenza?»

Il ragazzo decide quindi di agire e fonda, insieme a Christoph e ad altri studenti di medicina, un movimento antinazista di ispirazione cattolica.

Il gruppo trova un faro nelle posizioni espresse dal vescovo di Münster, Clemens von Galen, che si è schierato apertamente contro il programma Aktion T4 con cui il nazismo sterminerà oltre duecentomila persone affette da disabilità, menomazioni, ritardi mentali, problemi cognitivi. Diverse migliaia di questi morti, circa cinquemila, saranno bambini, anche neonati: c'è infatti l'obbligo di segnalare al Reich i bimbi minori di tre anni affetti da sindrome di Down, malformazioni ad arti, testa e colonna vertebrale.

Tutti questi esseri umani sono considerati "improduttivi" e giudicati un costo inutile per lo Stato, che può risparmiare i soldi del loro mantenimento in modo semplice: uccidendoli.

L'assassinio, in alcuni centri, avviene con la Sonderkost, la "dieta E", un regime alimentare privo di qualsiasi sostanza nutritiva che fa morire lentamente i "pazienti", in tre mesi. In altre strutture, invece, si somministrano cocktail letali di farmaci destinati non a guarire, ma a uccidere.

Quando poi si vuole aumentare il numero di "terapie" si passa a usare lo stesso gas che sarà adottato anche nei campi di concentramento.

Il vescovo von Galen, in origine sostenitore di Hitler, una volta compreso l'orrore nazista si schiera contro il regime con una serie di prediche in cui attacca frontalmente il Reich.

«Guai agli uomini, guai al nostro popolo tedesco, se il sacro comandamento divino: "Non uccidere", che il Signore ha annunciato tra tuoni e lampi sul monte Sinai, che Iddio, nostro creatore, ha impresso sin dall'inizio nella coscienza degli uomini, non soltanto sia trasgredito, ma se tale trasgressione sia perfino tollerata e impunemente messa in pratica.»

Le ripetute prediche di von Galen sono talmente forti che vengono stampate su volantini lanciati dagli aerei britannici sulla popolazione, ma anche diffusi clandestinamente tra chi è ostile al Reich. In questo modo le parole del vescovo raggiungono la casa dei fratelli Scholl, diventando la base su cui costruiranno il loro percorso antinazista.

A riaffermare la loro ispirazione cattolica i membri del gruppo scelgono come simbolo una Rosa

Bianca, emblema di pace e purezza contro la brutalità del male.

Al movimento aderiscono anche altri ragazzi, tra cui Willi Graf, Alexander Schmorell e Sophie Scholl, che è la più giovane del gruppo con i suoi ventun anni.

Sophie non è andata al fronte russo con il fratello maggiore, però – come requisito per iscriversi all'università – ha dovuto servire anche lei come ausiliaria militare, al confine con la Svizzera. In quel contesto si è resa conto di quanto si sentisse distante dai discorsi fanatici dei superiori e dall'accettazione mostrata dalle altre volontarie.

A Monaco, dove è iscritto anche Hans, ha intrapreso gli studi universitari di filosofia e biologia. Ama la pittura, i libri, l'arte. È credente, cerca nella preghiera un conforto.

Si scambia lettere con un amico, ufficiale dell'esercito tedesco, a cui scrive: «Fino a che punto può spingersi un uomo in nome della sua patria? Non siamo obbligati ad appoggiare un padre che sceglie di fare il male».

Leggendo, confrontandosi con artisti e intellettuali, ascoltando i racconti del fratello e di Christoph e scoprendo le prediche del vescovo von Galen, Sophie ha maturato la certezza che il Reich è un regime mostruoso e che bisogna provare a fermarlo in prima persona.

I ragazzi della Rosa Bianca si procurano carta, inchiostro, una macchina da scrivere e un ciclostile per duplicare i fogli, tutti macchinari vietati o il cui possesso è controllato dal Reich. Dietro l'organo di una chiesa stampano i primi volantini contro il regime, cinque, che mandano agli indirizzi conosciuti delle residenze di Hitler.

Poi ne producono altre serie, che spediscono a intellettuali e professori, li lasciano in locali pubblici, li lanciano dai tram di notte.

«Ogni parola di Hitler è una bugia. La sua bocca è come l'ingresso fetido dell'inferno e il suo potere è corrotto nel più profondo» scrivono, chiamando i tedeschi a resistere senza violenza, a disobbedire e a non sostenere il Reich. Vogliono risvegliare la coscienza e il dissenso di tutti quei concittadini che non si riconoscono negli orrori del nazismo.

«Fate resistenza passiva, resistenza ovunque vi troviate; impedite che questa atea macchina da guerra continui a funzionare, prima che le città diventino un cumulo di macerie...»

Dopo la metà del 1942, l'azione della Rosa Bianca diventa più determinata e pericolosa fino a quando, nel 1943, i volantini dei ragazzi portano la firma più esplicita di Movimento di Resistenza in Germania e assumono una visione ancora più democratica e federalista rispetto ai primi testi.

Hans, Sophie e i loro compagni arrivano a scrivere slogan contro Hitler anche sui cancelli universitari.

La sesta serie di volantini viene distribuita all'università di Monaco la mattina del 18 febbraio 1943, di fronte a moltissimi testimoni. Sophie sale persino in cima alle scale dell'atrio dell'ateneo per lanciare dall'alto, sugli studenti, i volantini che non era riuscita a consegnare a mano.

Un bidello la riconosce, ordina di chiudere tutte le porte e poi chiama la Gestapo, la polizia segreta nazista che investiga sui casi di tradimento e spionaggio e, in generale, su qualsiasi possibile attacco interno al Terzo Reich. La Gestapo è famigerata e temuta da tutti perché non ha limiti legali di azione e contro i suoi provvedimenti non è ammesso ricorso.

Sophie Scholl viene arrestata insieme al fratello Hans, che cerca di inghiottire un foglio scritto a mano da Christoph, ma gli uomini della Gestapo riescono a impedirglielo: Christoph, scoperto anche lui, viene catturato pochi giorni dopo a Innsbruck, mentre cerca di andare a salutare la moglie malata e la seconda figlia appena nata.

Considerata la più debole del gruppo di cui invece

è l'anima, Sophie Scholl viene torturata per quattro giorni affinché indichi l'identità di altri membri del gruppo.

Robert Mohr, il funzionario della Gestapo che la interroga, vuole che lei faccia i nomi dei compagni, invece Sophie non solo resiste, ma rivendica la sua scelta, perché il nazismo ha disonorato la Germania. Ribatte alle accuse dicendo che non si può tacere e restare inerti di fronte alle guerre sanguinarie e gratuite, alla deportazione degli ebrei, all'uccisione dei bambini mentalmente ritardati, prelevati in ospedale con la promessa di portarli in paradiso.

«E io non dovrei provare pena per questa gente?» dice Sophie al suo aguzzino.

«Si tratta di esseri inferiori. Lei che ha studiato da infermiera avrà visto più volte dei bambini ritardati» risponde l'accusatore.

«In nessuna circostanza ci si può arrogare il diritto di decidere della vita e della morte di un essere umano.»

Le spaccano una gamba, Mohr le promette una riduzione di pena se sceglierà di ritrattare e condannare le posizioni di Hans per aver salva la vita.

«Non tradirò mio fratello e i miei princìpi. Non accetterò alcun accordo coi nazisti.»

«Signorina Scholl, non è pentita di ciò che ha fatto?»

«No, al contrario! Io ho fatto ciò che ritenevo giusto per il mio paese, non rinnego la mia condotta e ne sopporterò le conseguenze.»

«Allora è finita, signorina Scholl.»

Dopo quattro giorni di vane torture e minacce, persino gli aguzzini si arrendono: i fratelli Scholl non tradiscono i loro compagni e non ritrattano nulla. Così vengono consegnati al Tribunale del Popolo presieduto dal fanatico giudice Roland Freisler, stimatissimo da Hitler per la rapidità e la frequenza con cui stabilisce la pena capitale per i suoi imputati, al termine di processi farsa.

Freisler non si smentisce e, in sole cinque ore, condanna Sophie, Hans e Christoph a morte per aver «propagandato idee disfattiste» e «diffamato il Führer in modo assai volgare, prestando così aiuto al nemico del Reich e indebolendo la sicurezza armata della nazione».

Al momento della sentenza sono presenti i genitori di Hans e Sophie, accompagnati dal figlio minore, Werner, che si allunga per stringere la mano ad Hans.

«Non piangere» gli dice il fratello.

La pena di morte deve essere eseguita il giorno stesso, mediante decapitazione.

Suona pazzesco ma è così: solo ottant'anni fa, nel cuore dell'Europa, dei ragazzi sono stati condannati alla ghigliottina per aver distribuito volantini pacifisti.

Prima dell'esecuzione, ai due fratelli viene concesso di incontrare i genitori.

La madre di Sophie e Hans dice ai figli: «Sono fiera di voi».

«Come possiamo aspettarci che la giustizia prevalga quando non c'è quasi nessuno disposto a dare se stesso individualmente per una giusta causa? È una giornata di sole così bella, e devo andare, ma che importa la mia morte, se attraverso di noi migliaia di persone sono risvegliate e suscitate all'azione?» si domanda Sophie, che va incontro alla fine senza versare una lacrima, con una compostezza che turba persino il suo boia.

Christoph Probst, dopo aver scritto una lettera di commiato ai suoi cari, amaramente, dice: «Non immaginavo fosse così facile, morire».

Hans viene ucciso per ultimo. Prima che la ghigliottina cali su di lui, decapitandolo, un urlo fortissimo riecheggia in tutto il palazzo e nelle orecchie dei suoi assassini: «Viva la libertà!».

I fratelli Scholl e Christoph Probst oggi riposano gli uni accanto all'altro, nel cimitero di Monaco. Le due croci sopra le sepolture di Sophie e Hans sono unite in un solo, lungo braccio orizzontale, per ricordare che il loro legame non sarà mai diviso.

Dopo di loro saranno catturati e uccisi anche Willi

Graf, Alexander Schmorell, il professore di filosofia Kurt Huber e altri membri o sostenitori del gruppo, per un totale di quindici condanne a morte, oltre a trentotto incarcerazioni.

Il vescovo von Galen, le cui prediche avevano ispirato Sophie, Christoph e Hans, viene temporaneamente risparmiato dal Reich; per timore di reazioni da parte della popolazione, Hitler decide di liquidarlo più avanti: «Dopo la guerra gli chiederò conto sino all'ultimo centesimo di ciò che ha fatto» promette.

Per una volta, però, le minacce saranno vane, perché a sopravvivere sarà von Galen, il cui coraggio gli varrà il soprannome di "Leone di Münster".

Quando, a febbraio del 1946, nella Basilica di San Pietro a Roma, papa Pio XII lo nomina cardinale, inaspettato esplode nella grande chiesa silenziosa un fragoroso applauso, tributo al coraggio di von Galen.

Per ricordare la tenacia della Rosa Bianca e il sacrificio dei fratelli Scholl non ci sono forse parole migliori di quelle della Bibbia che Hans scelse di recitare prima della sua esecuzione.

«L'amore è paziente, benevolo, non gode dell'ingiustizia, ma si compiace della verità.

L'amore soffre ogni cosa, crede ogni cosa, spera ogni cosa, sopporta ogni cosa.

L'amore non verrà mai meno.»

2

TERRA DI NESSUNO

Storia di Eddie Mabo

Ci sono ingiustizie talmente grandi da sembrare incredibili.

Ed è proprio questo che succede a Eddie Mabo, quando lo mettono di fronte all'ingiustizia: non riesce a crederci.

Eddie è un australiano ed è, soprattutto, un aborigeno, discendente delle popolazioni che hanno abitato l'Australia prima dell'arrivo dei coloni inglesi.

Gli aborigeni vivono allo stato seminomade da oltre cinquantamila anni quando, sul finire del 1700, arrivano gli inglesi, che occupano il continente trasformandolo in una gigantesca colonia penale. Considerati una specie di anello di congiunzione tra uomo e scimmia, nel giro di due secoli i nativi australiani vengono decimati del novanta per cento dalla colonizzazione, principalmente a seguito delle malattie importate dagli europei: varicella, vaiolo e altre forme influenzali risultano ben più devastanti degli scontri e degli avvelenamenti di cibo e acqua che i coloni mettono in atto per scacciarli dalle loro terre.

Gli aborigeni sopravvissuti subiscono una tremenda discriminazione razziale: l'Australia "bianca" cerca di farli scomparire assimilandoli, ovvero cancellandone il patrimonio genetico mediante la sottrazione e l'affidamento dei figli a famiglie occidentali, in modo da disperderne progressivamente i connotati razziali e culturali, "sciogliendoli" nella razza bianca divenuta dominante.

Gli aborigeni australiani riusciranno a garantirsi il diritto di voto solo nel 1963 e a essere censiti come parte della popolazione nel 1967.

Proprio in quell'anno Eddie Mabo va a lavorare come giardiniere all'università di Townsville, nel Queensland. L'università porta il nome di James Cook, il primo esploratore inglese a toccare terra australiana.

La terra degli aborigeni, divenuta la terra degli inglesi.

Eddie è un uomo sorridente e dalla lunga barba, originario di una minuscola isola di due chilometri per tre, l'isola di Mer. Gli inglesi le hanno cambiato il nome in isola di Murray, eppure quel pezzetto di terra nel mare è da sempre proprietà della famiglia Mabo.

Eddie ha dieci figli, pochi soldi, e nella vita ha fatto tanti lavori diversi – il pescatore, il cuoco, il tagliatore di canne –, ma è stato anche attivo nel sindacato dei lavoratori sfruttando il fatto che, a differenza di molti aborigeni, ha imparato bene l'inglese e riesce a comunicare con gli australiani bianchi.

Fa politica, impegnandosi affinché dalla costituzione australiana vengano eliminati i riferimenti linguistici discriminatori rispetto agli aborigeni.

Il suo lavoro all'università gli offre anche l'occasione di passare l'ora di pausa in biblioteca a leggere e a studiare per migliorare la propria conoscenza dell'Australia.

Proprio in un momento di pausa dal lavoro, nel 1974, Eddie ha una rivelazione sconvolgente. Gli succede mentre parla con un professore che si chiama Noel Loos e un altro amico originario della sua terra, l'isola di Murray.

«Un giorno tornerò sull'isola di Mer» dice Eddie. «Non conta il nome. Quelle terre appartengono alla mia famiglia da sedici generazioni, le abbiamo sempre tramandate di padre in figlio.»

Loos cerca di capire meglio cosa stia dicendo.

«Sei sicuro che le terre saranno ancora lì quando tornerai?»

«Oh, sì! Tutti sanno che quel terreno è dei Mabo, e c'è mia sorella a occuparsene. Nessuno si sognerebbe di andarci a stare. Fino a che io vorrò quella terra, lei sarà lì ad aspettare il mio ritorno.»

Loos intuisce il fraintendimento di Eddie Mabo e si sente raggelare.

«Eddie... Ascolta... Lo capisci che quelle terre non sono tue? È tutto possedimento della Regina.»

«Ma no, appartengono alla mia famiglia! Non sono mai state date ai coloni. Non è mai venuto nessuno lì, le abitiamo da sempre!»

«Questo non importa, Eddie. Quando gli inglesi sbarcarono in Australia tutte le terre vennero considerate *terra nullius*. Significa "terra di nessuno". Oggi tutti i territori, anche quelli non assegnati ai coloni, sono per legge di proprietà della corona inglese.»

Eddie Mabo non crede a questa notizia: nessun aborigeno possiede legalmente terre, nemmeno quelle su cui la propria famiglia vive da sempre, ereditate dai genitori.

Mabo non se ne fa una ragione, non è giusto. Decide che deve opporsi a questa mostruosità.

Quando, nel 1981, alla sua università viene organizzata una conferenza che riguarda la proprietà della terra, prende la parola e racconta in pubblico della sua isola, delle leggi orali che l'hanno sempre governata e del fatto che l'isola di Mer appartiene alla sua famiglia per la tradizione aborigena, ma non per la legge del suo paese.

Tra il pubblico è presente un avvocato di alto livello, Greg McIntyre, che intuisce la portata enorme di quello che Mabo sta rivelando e la determinazione di quest'uomo a opporsi all'ingiustizia. L'avvocato invita Mabo a procedere legalmente contro la corona inglese e le regole che non gli riconoscono il possesso delle sue terre; il suo può essere un processo pilota per tutti gli aborigeni australiani.

Insieme ad altri quattro aborigeni della sua isola e sostenuto dal team di avvocati che McIntyre costruisce intorno a sé, Eddie Mabo inizia una lunghissima vertenza legale di gruppo contro la corona inglese per chiedere i diritti di proprietà sulle terre che i nativi australiani abitano da generazioni.

Al fianco di Eddie lotta la moglie Bonita, il grande amore che fiancheggia le sue battaglie anche quando lui – che era stato adottato dallo zio materno Benny

Mabo, dopo che la madre era morta dandolo alla luce – viene accusato di essere un impostore che cerca di guadagnarsi diritti che non ha.

Ma Eddie ha fiducia e, come promette a sua figlia Gail: «Un giorno, tesoro mio, tutta l'Australia conoscerà il mio nome».

Il lungo scontro fra Mabo e l'Australia attraversa ogni grado di giudizio e non tutti gli accusatori aborigeni che lui è riuscito a convincere ad agire legalmente portano avanti la battaglia, molti si arrendono. Eddie però non molla, anche se la vertenza legale diventa così importante e complessa da invadere tutta la sua vita, impedendogli di lavorare e costringendolo spesso lontano dai suoi affetti.

Nel 1990 Mabo scopre di essere ammalato di cancro, ma non diserta le audizioni del suo procedimento, neanche quando la malattia si aggrava.

Nel gennaio 1992, a soli cinquantacinque anni, muore.

Eppure la sua battaglia, condotta dal team di McIntyre e dalla famiglia, non finisce.

Solo cinque mesi più tardi, nella storica sentenza "Mabo contro lo Stato di Queensland numero 2", la corte stabilisce che la dottrina *terra nullius*, che permetteva di importare le leggi inglesi nei territori conquistati ed era adottata per privare gli aborigeni del possesso delle loro terre, non era applicabile ed era fondata sul presupposto sbagliato che gli indigeni non avessero alcuna loro precedente forma di diritto.

La Corte Suprema sancisce quindi che il diritto "nativo" entri a far parte della legge dello Stato, tutelando i possedimenti degli aborigeni non solo a Mer, ma in tutto il territorio australiano. La sentenza passa alla storia con il nome di "Mabo" e, dopo la sua entrata in vigore, il quaranta per cento delle "terre di nessuno" sarà invece riconosciuto di proprietà degli aborigeni.

"Avevi ragione, papà" pensa la figlia Gail in lacrime alla lettura della sentenza.

Esattamente tre anni dopo, a Townsville, viene organizzata una grandissima celebrazione funebre e Eddie viene trasferito in un'imponente tomba di marmo sulla quale è scolpito il suo viso. Quella notte stessa il monumento funebre viene oltraggiato con simboli nazisti, perché nonostante il tempo trascorso dalla sentenza, le rivendicazioni per cui Mabo ha lottato continuano a trovare nemici in chi non smette di discriminare gli aborigeni.

La famiglia decide allora di spostare i resti di Eddie nella sua terra, in quell'adorata e minuscola isola di Mer per cui aveva lottato tutta la vita e dove ancora oggi riposa.

Nel 1992 Eddie Mabo è stato insignito della Medaglia per i diritti umani e nel 1993 il quotidiano «The Australian» lo ha eletto australiano dell'anno.

La biblioteca del campus di Townsville, dove conobbe l'ingiustizia e decise di affrontarla, è oggi intitolata a lui.

3

LA RAGAZZA DAI SETTE NOMI

Storia di Hyeonseo Lee

Immaginate che io scriva un romanzo che mixi fantascienza e horror, con protagonista una giovane donna soprannominata "la Ragazza dai Sette Nomi".

Potrebbe abitare in un paese chiamato Terra del Nord, dove il clima è spesso rigido, parte dei territori è coperta di montagne e ghiacci, e le risorse naturali sono poche. Al governo della Terra del Nord c'è il Grande Leader, un uomo che alla fine di una terribile guerra ha preso il potere e lo detiene con la forza, imponendo regole rigidissime.

Il Grande Leader è il padrone assoluto dello Stato,

abita in un palazzo enorme rivestito di marmo con chilometri di tappeti, nella capitale ha fatto erigere una sua statua gigantesca, le sue foto e i suoi ritratti campeggiano ovunque, in ogni città, ufficio, scuola.

Ha creato un museo in cui raccoglie i regali che riceve.

Nonostante lui sia straordinariamente ricco e si muova su treni privati, a bordo dei quali mangia cibo cucinato da chef, la gente della Terra del Nord è poverissima.

In pochi, però, tentano di scappare, perché i confini sono i più vigilati del mondo, e si rischia di essere catturati e condannati a morte o di sparire in un campo di prigionia dove possono essere rinchiusi anche genitori e nonni che non hanno fatto nulla, perché le pene colpiscono non solo i colpevoli, ma anche le loro famiglie.

Nei campi le persone vengono torturate o uccise, e basta solo un furto o una critica al Grande Leader per finirci, eppure gli abitanti della Terra del Nord non si rendono conto di quanto sia terribile la dittatura che li governa. Loro non sono mai usciti dal paese, le televisioni raccontano che fuori dalla Terra del Nord esistono solo Stati nemici, come la Terra del Sud, dove si vive in condizioni corrotte e disperate e tutti vorrebbero uccidere il Grande Leader e i suoi cittadini.

La Ragazza dai Sette Nomi, a scuola, ha sempre sentito raccontare quanto sia meraviglioso, forte, bello il Grande Leader, l'uomo per cui lei e i compagni di classe recitano quotidianamente preghiere. È insieme un Dio e il Babbo Natale che le porta i regali, si dice persino che abbia camminato sull'arcobaleno.

Eppure qualche volta, alle elementari, la Ragazza dai Sette Nomi ha dovuto interrompere le lezioni per assistere all'esecuzione delle persone che il Grande Leader ha condannato a morte.

Un amico del suo papà che ha osato dire «Questo sistema è ingiusto» è scomparso. E sua mamma le ha consigliato di stare attenta a quello che dice a voce alta, «perché di giorno ti ascoltano gli uccelli e di notte il gatto».

Criticare il Grande Leader, telefonare all'estero, ascoltare musica non autorizzata, lamentarsi della morte di un parente: tutto, nella Terra del Nord, può diventare un crimine.

Poi, un giorno del 1994, il Grande Leader muore e gli succede il figlio, che si fa chiamare il Caro Leader.

La Ragazza dai Sette Nomi sente dire dai giornali e dalle televisioni che anche il Caro Leader è un uomo speciale, una specie di divinità: quando è nato, in cielo è apparso un doppio arcobaleno. È un grande atleta, un musicista, un poeta, persino. Anche se non ha mai fatto il soldato, si autoproclama capo supremo delle forze militari per difendere il suo paese dai nemici oltre confine.

L'anno dopo, però, nel 1995, la Ragazza dai Sette Nomi vede qualcosa che non capisce.

I cittadini della Terra del Nord non trovano cibo perché alluvioni e siccità hanno distrutto i raccolti, fonte principale di sostentamento di questo paese agricolo e arretrato, dove ampie porzioni di territorio sono ghiacciate, impossibili da coltivare per diversi mesi all'anno. Nessuno aiuta la popolazione, e la fame dilaga al punto che le persone mangiano il granoturco ancora acerbo, le cortecce d'albero, gli insetti, l'erba, come animali.

Il Caro Leader vieta di pronunciare la parola "carestia", anche se nelle strade si vedono cadaveri ovunque. Nessuno saprà mai il numero esatto di quei morti, ma potrebbero avvicinarsi al milione.

In quei giorni la Ragazza dai Sette Nomi trova la lettera che un'amica ha spedito per posta alla sua famiglia.

«Quando leggerete questa lettera, tutti e cinque i membri della famiglia non saranno più al mondo perché nelle ultime due settimane non abbiamo mangiato. Siamo stesi insieme sul pavimento e i nostri corpi sono così deboli, aspettiamo di morire.»

Com'è possibile? I libri di scuola, la radio, la televisione le hanno sempre raccontato che la Terra del Nord è il paese più felice del mondo.

E allora perché le strade sono piene di cadaveri e in stazione un bambino piange senza cibo accanto alla mamma morta di fame? Perché iniziano i blackout e nello Stato confinante, oltre il fiume Amnok, i palazzi hanno le luci accese? Lei può vederle, abita vicino al confine. Se la Terra del Nord è così felice come le hanno sempre detto, come è possibile tutto questo?

La Ragazza dai Sette Nomi decide di provare ad andare oltre il fiume, dove ha visto le luci, e capire che mondo esiste fuori dal suo paese.

Ecco, questa potrebbe essere la premessa di un mio romanzo.

Se non fosse che è tutto vero.

La Corea del Nord è nata alla fine della Seconda guerra mondiale una volta che il Giappone, alleato della Germania nazista, è stato sconfitto dagli Alleati; a quel punto la penisola coreana è stata divisa in due: il Sud sotto l'influenza americana, il Nord sotto l'influenza dell'Unione Sovietica e, poi, della Cina.

In teoria lo Stato sarebbe dovuto andare verso una riunificazione, ma non è mai accaduto, e anzi c'è stata la guerra: nel giugno del 1950 l'esercito della Corea del Nord ha provato a invadere il Sud, ma è stato respinto con l'aiuto degli Stati Uniti in una guerra costata oltre un milione di morti.

La Corea del Nord è stata governata dal Grande Leader Kim Il-sung e poi dal figlio, il Caro Leader Kim Jong-il, tiranni accomunati dal culto della personalità, dalla cancellazione della libertà e dei diritti umani, dalla brutalità verso i cittadini che disobbedissero a qualsivoglia delle loro leggi.

"Ragazza dai Setti Nomi" è il soprannome che Hyeonseo Lee si guadagna nel 1997, quando riesce a fuggire dalla Corea del Nord andando a ovest, verso la confinante Cina, attraversando a piedi il fiume Amnok ghiacciato, grazie all'aiuto di una guardia di frontiera.

Hyeonseo, in Cina, si deve inventare tanti nomi diversi, ogni volta che la controllano, per evitare il rimpatrio in Corea del Nord, dove pagherebbe la fuga con la morte o con la prigionia nei campi, una pena che potrebbe colpire anche la sua famiglia.

Riesce a fingersi una ragazza cinese malata di mente e a ottenere un passaporto, ma un giorno viene messa sotto indagine, gli investigatori cinesi le chiedono di parlare la loro lingua per dimostrare di non essere coreana del Nord e lei ci riesce, perché il suo papà le ha fatto studiare cinese.

In Cina Hyeonseo vive dieci anni e progressivamente scopre che tutto quanto le hanno insegnato in

passato è falso, che quella in Corea del Nord è una dittatura che da decenni perseguita e violenta in ogni modo il suo popolo. Hyeonseo riesce infine a prendere un aereo per raggiungere la Corea del Sud e chiedere asilo politico, ma – quando atterra – si ritrova bloccata dai poliziotti che non le credono: «Tu sei cinese» le dicono. E così, dopo che per anni ha dovuto convincere i cinesi di non essere una coreana del Nord, ora deve convincere i coreani del Sud di non essere cinese.

Hyeonseo ci riesce ed entra finalmente nel paese che per tanti anni ha creduto ostile, nemico. Invece trova città piene di colori, persone con i capelli acconciati nei modi più diversi, pubblicità sui muri. Insomma, trova il mondo libero che lei non immaginava esistesse.

Eppure la vita di una profuga resta difficile.

La polizia per lungo tempo sorveglia i rifugiati del Nord con continue chiamate e accertamenti, visto che ognuno di loro potrebbe essere una spia. Lei, come molti altri profughi del suo paese, non riesce a liberarsi della sensazione di angoscia e controllo che deriva dalla lunga vita sotto la dittatura.

I rifugiati parlano la lingua del Nord che, dopo anni di separazione, è diventata diversa da quella del Sud. Questo fa sì che vengano "riconosciuti" facilmente, spesso penalizzati sul lavoro o discriminati nelle situazioni quotidiane, che si tratti di prendere un mezzo pubblico o andare a scuola, il luogo dove subiscono maggiormente atti di bullismo. Molti coreani del Nord con il tempo finiscono per nascondere la loro vera provenienza e Hyeonseo stessa non sa più chi è. Non si sente del Nord, ma neppure del Sud. Non si sente di nessun luogo. Con fatica si adatta alla nuova vita e inizia a prepararsi per l'università, fino a che non le arriva una notizia sconvolgente: la Corea del Nord ha rintracciato dei soldi che lei ha mandato a casa e minaccia di deportare i suoi da qualche parte nel paese.

Sapendo bene cosa significhi una detenzione in Corea del Nord, Hyeonseo decide di andare a prendere i suoi cari nonostante i rischi e le distanze enormi da percorrere. Sale su un volo per la Cina da cui è già fuggita e quindi, una volta atterrata, raggiunge il confine con la Corea del Nord, dove ritrova la madre e il fratello, dopo quattordici anni.

Quando arrivano in un albergo, spaventati e tremanti si abbracciano e piangono per una notte intera, mentre Hyeonseo spiega agli altri due il suo piano: attraversare la Cina per oltre tremila chilometri in bus e raggiungere il Laos, per poi chiedere asilo presso l'ambasciata della Corea del Sud.

Non va così: pochi minuti dopo la partenza, la polizia cinese sale sul pullman per controllare i passeggeri e Hyeonseo, disperata, scatta in piedi e inizia a fotografare un agente per distrarlo. Quello si infuria perché è una cosa illegale, lei gli parla in cinese e lui, allora, senza chiedere altro, se ne va dal bus.

Quando però cambiano pullman e ripartono, arriva un altro controllo. Un ufficiale cinese raccoglie tutti i documenti dei passeggeri e li chiama uno per uno. Non c'è modo di scampare e nel momento in cui l'uomo pronuncia il nome del fratello di Hyeonseo, il ragazzo si paralizza, visto che non parla cinese.

L'ufficiale lo chiama una volta, poi due, alla terza Hyeonseo si alza e lo accompagna: «Ci scusi, è sordomuto, parlo io per lui».

Il poliziotto, perplesso, chiama per nome anche la madre.

«È sordomuta anche lei» spiega Hyeonseo.

«Ci sono troppo sordomuti, su questo bus» dice l'ufficiale cinese, poi chiede all'autista: «La ragazza dice la verità?».

«Sì» risponde quello, e nessuno dei passeggeri dice nulla, anche se tutti hanno sentito chiaramente quella famiglia parlare in coreano. Decidono di aiutarli, senza conoscerli.

L'ufficiale li lascia andare.

Quando arrivano al confine con il Laos, corrompendo gli agenti Hyeonseo riesce a entrare nel paese e affida i suoi cari a un trasporto che li conduca alla salvezza: l'ambasciata della Corea del Sud.

Ma la sofferenza non è ancora finita, perché in Laos la polizia arresta e mette in galera la madre e il fratello di Hyeonseo. Disperata, lei si ritrova senza più soldi e non sa davvero più cosa fare per aiutarli. Dopo tutto quel viaggio, sono arrivati così vicini alla meta e adesso si trovano in cella, con il rischio di essere rimpatriati.

È in quel momento che un uomo calvo le si avvicina: «Io ti ho già vista su un bus per il Laos» le dice in inglese. «Cosa c'è che non va?»

La ragazza gli spiega tutto.

«Aspetta un attimo» dice l'uomo calvo e si allontana per poi tornare coi soldi contanti necessari a liberare la famiglia di Hyeonseo.

«Perché lo fai?» chiede lei incredula. «Perché mi stai aiutando?»

«Non sto aiutando te» risponde lui. «Sto aiutando i nordcoreani. Io mi chiamo Dick.»

Lo sconosciuto paga la cauzione per la famiglia Lee e per altri tre nordcoreani detenuti, e paga anche il biglietto aereo di Hyeonseo per la Corea del Sud, dove aspetterà i suoi, anche se ci vorranno ancora alcune traversie prima che la famiglia si ricongiunga.

La vita in un paese così diverso è difficile, per chi

è fuggito da una dittatura terribile come quella della Corea del Nord.

Alcuni profughi del Nord chiedono addirittura di tornare indietro nonostante le pene che li attendono, perché non sanno adattarsi a un mondo libero così distante da tutto quanto hanno conosciuto. Quando arrivano al Sud è come se prendessero una macchina del tempo che li porta nel futuro, dove si trovano a imparare da zero cose per noi elementari come comprare liberamente vestiti in un negozio, scegliere un taglio di capelli, utilizzare un cellulare, prelevare lattine da un distributore automatico.

La prima volta che la madre di Hyeonseo vede un bancomat pensa che sia un meccanismo manuale e si chiede come faccia, il povero dipendente della banca, a restare chiuso dentro quella macchinetta senza finestre e a consegnare i soldi attraverso la fessura.

La forza della libertà, la sua potente grandezza, toglie ai profughi il respiro, li soffoca. La dittatura ha dato loro una visione distorta del mondo, e – senza quella – si sentono come monchi, incapaci di vivere fuori dal suo controllo.

La Corea del Nord continua ancora oggi a essere governata dalla dinastia crudele dei Kim, visto che alla morte del Caro Leader è asceso al comando suo figlio, il Grande Successore Kim Jong-un, protagonista negli ultimi anni del continuo braccio di ferro con gli Stati Uniti circa l'uso di armi atomiche e i test missilistici denunciati dalla Corea del Sud.

Jong-un ha studiato all'estero sotto falso nome, è appassionato di basket e, per la prima volta nella storia della sua dinastia, ha presentato la moglie di un Kim al suo popolo, facendo sperare in un cambiamento.

Invece si è rivelato il perfetto discendente di padre e nonno.

Ha un patrimonio personale stimato di 43 miliardi di euro in un paese dove lo stipendio medio delle persone varia da 1 a 3 euro. Possiede decine di case e venti stazioni, oltre a sei treni personali per muoversi con tanto di *suite*, vasche da bagno, acquari con le aragoste per la cena.

Ha creato una sua rete internet dove circolano solo le notizie che il regime vuole diffondere e continua a perseguitare chiunque lasci il paese.

In Corea del Nord chi ha contatti di lavoro con persone occidentali deve seguire percorsi di rieducazione per "purificarsi" dalle malefiche influenze esterne e non si può possedere una macchina, avere una connessione dati al cellulare o indossare i blue jeans, che appartengono al mondo nemico. Non si possono tagliare i capelli in modo diverso dall'orribile acconciatura a scodella del Grande Successore.

Kim Jong-un è un uomo facile all'ira e ha perpetrato azioni degne di un romanzo horror: si dice che abbia fatto uccidere la fidanzata per un tradimento; che abbia fatto sbranare lo zio dai cani per poi eliminare anche il resto della famiglia; che abbia fatto sparare con un cannone a un ministro a suo parere inadeguato; che abbia ordinato di giustiziare l'architetto di una stazione che non gli piaceva. Difficile accertare la verità, visto che nella Terra del Nord i giornali non possono diffondere notizie diverse da quelle imposte dal regime e nessun media occidentale è ammesso.

Per questo le testimonianze dei pochi fuggiaschi come Hyeonseo sono così importanti: raccontando la tragedia di chi nasce sotto la dittatura, nutrono un seme di lotta e tengono viva la speranza che, nel tempo, il popolo coreano del Nord venga a sapere che esiste un mondo migliore fuori dai suoi confini.

Anche l'aiuto degli sconosciuti è fondamentale, come quello dell'uomo calvo che pagò per aiutare Hyeonseo nella sua fuga. Dopo aver raccontato la loro vicenda in tanti video condivisi e visualizzati in tutto il mondo, la Ragazza dai Sette Nomi è riuscita a ritrovare Dick, che vive in Australia, e a incontrarlo.

Ancora oggi lei e il suo salvatore sono in contatto. Cose meravigliose che possono accadere solo in un mondo libero, diverso e lontano dalla Terra del Nord.

4

FIRMO IO

Storia di Guido Rossa

Terrorismo.

Di solito associamo questa parola spaventosa ai paesi stranieri. Pensiamo ad azioni violente, omicidi, stragi mascherate con il pretesto delle motivazioni religiose.

"Speriamo che non succeda mai, in Italia" è quello che si è detto tante volte, non di rado con l'aggiunta di ulteriori riflessioni sul fatto che l'arrivo di extracomunitari aumenterebbe il rischio di terrorismo. "Con queste moschee, questi islamici, mica ci possiamo fidare."

Però abbiamo la memoria corta, perché il terrorismo lo abbiamo già avuto, in Italia, solo pochi anni fa. E lo hanno scatenato uomini e donne italiani che non agivano per motivi religiosi, ma con lo stesso fanatismo, spinti dall'estremismo politico prima di destra, poi di sinistra.

A quest'ultimo si rifà la formazione terroristica più temibile di tutte: le Brigate Rosse conteranno un numero di appartenenti e fiancheggiatori superiore alle mille unità e con il loro simbolo, la stella a cinque punte, rivendicheranno ottantasei omicidi e una marea di ferimenti.

Conosciute anche con l'acronimo BR, le Brigate Rosse compaiono in Italia nel 1970. Inseguono il progetto di instaurare una "dittatura del proletariato" e sovvertire l'ordine democratico nato dopo la fine della guerra.

Gli appartenenti alle BR perseguono l'idea di continuare la lotta partigiana di resistenza con un nuovo obiettivo: la battaglia non è più contro i nazifascisti, ma contro un oppressore invisibile, quel capitalismo che schiaccia i cittadini e in particolare gli operai, ultimo ingranaggio di una catena industriale che trasforma le persone in automi e le schiavizza a vantaggio della ricchezza altrui.

Le BR individuano il proprio nemico nei "padroni" capitalisti delle fabbriche e dei mezzi di produzione, nei politici vicini a questi ultimi e in tutti quanti cercano di opporsi alle loro azioni, siano poliziotti e carabinieri che li arrestano, magistrati che li processano, giornalisti che ne raccontano i crimini.

Oltre al numero di brigatisti effettivi che vivono in clandestinità e partecipano alle azioni in prima linea, l'organizzazione comprende fiancheggiatori che la supportano a livello logistico o nelle attività di propaganda.

In generale, almeno nei primi anni della loro esistenza, le Brigate Rosse godono del sostegno tacito di non pochi operai e lavoratori che identificano i brigatisti come "guerriglieri" impegnati nella lotta per i diritti dei più sfruttati. O, al massimo, se non li appoggiano, li giudicano benevolmente come "compagni che sbagliano", persone che combattono una battaglia giusta con metodi discutibili.

In realtà i membri delle BR, dopo una prima fase in cui si sono limitati ai ferimenti, non tardano a passare agli omicidi a sangue freddo.

Il 16 marzo 1978 le Brigate Rosse compiono l'azione più incredibile ed eclatante di tutte.

A Roma, in via Fani, un commando armato assalta le macchine che stanno scortando Aldo Moro, presidente della Democrazia cristiana e fautore di uno storico avvicinamento al Partito comunista di Enrico Berlinguer, in quel momento uno degli uomini politici più influenti d'Italia.

I brigatisti massacrano a colpi di mitragliette la scorta di due carabinieri e tre poliziotti, quindi rapiscono Moro, tenendolo in prigionia e chiedendo, in cambio del suo rilascio, la libertà di alcuni loro compagni incarcerati.

Il progetto delle BR è trattare alla pari con lo Stato, ma quando non ottengono quello che chiedono, dopo cinquantacinque giorni, uccidono Aldo Moro e ne fanno ritrovare il corpo in via Caetani, nel portabagagli di un'auto.

L'uccisione di Moro causa un'ondata di paura: le Brigate Rosse hanno eliminato un politico importantissimo e scortato. Il loro attacco allo Stato sembra inarrestabile, anche perché nelle fabbriche trovano un terreno fertile, sostegno, propaganda, copertura.

Ma la percezione delle masse dei lavoratori rispetto ai brigatisti cambierà per sempre grazie alle scelte di un operaio veneto che lavora a Genova.

Guido Rossa è nato in provincia di Belluno, figlio di un minatore malato di silicosi e quindi costretto a migrare a Torino con la famiglia per lavorare. Ha fatto il militare negli alpini paracadutisti. Ha iniziato a lavorare presto, a quattordici anni, prima nella piccola ditta di cuscinetti a sfera di cui il padre era guardiano, poi come operaio alla Fiat.

Rossa è un uomo silenzioso come le montagne bellunesi da cui proviene e che ama, ruvido come le pareti di rocce che affronta come alpinista, scalatore, soccorritore. Al suo attivo vanta arrampicate sulle principali vette europee e anche sull'Himalaya.

«Aveva il buonsenso delle scalate. Faceva un passo alla volta» dirà di lui un altro operaio.

Guido si innamora di una ragazza genovese, Silvia, e con lei ha un figlio, Fabio. Per stare con loro si traferisce in Liguria, ma nel 1961 la famiglia viene sconvolta dall'improvvisa morte del bambino.

Il lutto aumenta l'attenzione di Guido verso gli altri. Dopo la nascita della secondogenita Sabina, Rossa si dedica al sociale e alle fasce deboli e si fa progressivamente coinvolgere nelle attività sindacali, nonostante il suo carattere di uomo di poche parole. S'iscrive al Partito comunista ed entra nella CGIL, il sindacato della sinistra, intanto dipinge, scolpisce, fotografa, raccontando nei suoi scatti la Liguria e i quartieri difficili di Genova, invocando giustizia sociale e uguaglianza.

Nelle manifestazioni sindacali di piazza fa servizio d'ordine per evitare che esplodano violenze e non si spaventa se tra gruppi opposti di lavoratori volano pietre.

«Se perdessi la testa quando c'è pericolo non avrei mai fatto un passo in montagna.»

Ma dopo l'omicidio di Aldo Moro tutto il mondo delle fabbriche è in subbuglio, compresa l'acciaieria Italsider, dove Guido lavora.

Il Partito comunista ha chiesto ai suoi membri di non esitare a denunciare persone vicine alle Brigate Rosse e il 25 ottobre, dietro una macchinetta del caffè, Guido, con altri operai, trova alcuni volantini ripiegati con il logo terrorista della stella a cinque punte.

Rossa nota un collega, Franco Berardi, allontanarsi a bordo di una bicicletta, il mezzo con cui si occupa delle consegne di documenti all'interno dell'enorme stabilimento Italsider.

Mentre va a consegnare i volantini delle Brigate Rosse al Consiglio di fabbrica, l'organo direttivo degli operai di cui fa parte, su un davanzale Guido ne nota altri.

A questo punto il Consiglio di fabbrica decide di rivolgersi alla vigilanza interna per cercare Berardi dentro lo stabilimento.

Sono le quattro del pomeriggio quando l'operaio viene fermato e consegnato ai carabinieri. Berardi, subito, recita la formula con cui i brigatisti ammettono la loro appartenenza all'organizzazione: «Mi dichiaro prigioniero politico».

ITALSIDER

I carabinieri forzano il suo armadietto e ci trovano volantini e liste di targhe di auto che potrebbero costituire obiettivi di azioni brigatiste, ma per procedere legalmente contro Berardi bisogna formalizzare per iscritto la denuncia.

I sindacalisti del Consiglio di fabbrica e i responsabili della vigilanza allo stabilimento seguono i militari in caserma, ma si pone un problema circa la firma della denuncia.

«Dovrebbero firmarla tutte le persone coinvolte. Perché sia più forte e per non esporre troppo nessuno al rischio di vendette» spiegano i carabinieri.

«E allora firmiamo tutti quanti insieme: gli operai dell'Italsider» rispondono i lavoratori.

«Non è possibile, per una denuncia. Ci servono le firme di persone identificabili.»

A questo punto il Consiglio di fabbrica rimane spiazzato, tentenna, si divide, non riesce a prendere una posizione compatta. Qualcuno ha paura di mettere il suo nome e cognome su quel foglio, perché se le BR sono state capaci di uccidere Aldo Moro, firmare vuol dire rischiare la vita.

Ma c'è pure chi pensa che sia sbagliato tradire un altro operaio, anche se sostiene il terrorismo.

Solo una persona ha il coraggio di tenere la sua posizione.

«Firmo io» dice Guido Rossa.

L'ufficiale dei carabinieri è preoccupato: «Rossa, così lei rischia troppo».

«Sono consapevole di quello che faccio» insiste lui, e firma.

Un solo uomo si carica sulle spalle tutto il peso della scelta che dovrebbe appartenere a un'intera categoria di lavoratori.

Berardi viene mandato a processo e Rossa è, di nuovo, il solo a testimoniare a proposito dei volantini e dell'altro materiale ritrovato in fabbrica.

Solo sei giorni dopo l'arresto, Berardi viene condannato a quattro anni e sei mesi di carcere per la sua appartenenza alle BR.

A Genova, sui muri, appaiono alcune scritte – «Rossa spia», «Rossa delatore» –, segno che le BR accusano il colpo. Per la prima volta è un operaio, da dentro una fabbrica, a condannarle apertamente. Anzi, è proprio un sindacalista che lotta per i diritti dei lavoratori, quegli stessi che le BR sostengono di difendere con i loro atti di violenza.

Tra i terroristi si accende una disputa tra chi vuole punirlo e chi chiede di risparmiarlo, perché operaio e sindacalista, ma prevale la linea della durezza: Rossa va colpito.

La mattina del 24 gennaio 1979, alle 6.35, sulle

alture di Genova, Guido esce di casa per andare al lavoro e si dirige verso la sua Fiat 850, parcheggiata in via Fracchia.

In fabbrica si è parlato di fornirgli una scorta formata da altri sindacalisti che lo andasse a prendere ogni mattina e lo accompagnasse in fabbrica.

«Non voglio far rischiare la vita ad altri» ha spiegato Guido, rifiutando l'offerta.

Lo Stato, dal canto suo, non gli ha fornito protezione, ma consigliato di comprarsi una pistola.

Tutti quanti, in qualche modo, hanno sottovalutato il pericolo e lo hanno lasciato solo.

Così, quella mattina, quando Guido esce di casa, non c'è nessuno che possa opporsi ai brigatisti che scendono da un furgone, armati.

«Guido Rossa» lo chiama una voce nel silenzio, alle spalle, una voce che è già una sentenza.

Lui accelera e continua a camminare, raggiunge la macchina, la apre dal lato del passeggero e salta dentro.

Due uomini lo raggiungono e gli sparano quattro volte alle gambe, poi si allontanano, mentre lui urla dentro la macchina, ferito.

Ma un altro terrorista, Riccardo Dura, torna indietro, sfonda il finestrino e lo finisce, sparandogli due volte al cuore.

La figlia di Guido, Sabina, quando esce di casa per andare a scuola passa vicino all'auto, ma non si accorge che il cadavere del suo papà è proprio lì dentro, rannicchiato sui sedili davanti.

A trovare Guido sarà uno spazzino.

Le Brigate Rosse rivendicano l'omicidio e mentono per giustificare l'esecuzione dicendo che Guido ha avuto una «reazione ottusa». In realtà, la vittima non ha avuto il tempo di fare nulla.

La scelta omicida dei brigatisti, però, si ritorce contro di loro.

Lo stesso giorno dell'assassinio, a Genova i sindacati proclamano lo sciopero generale e ventimila persone vanno in piazza in un corteo silenzioso, incredulo per l'uccisione di un operaio, un uomo giusto, un sindacalista.

Ai funerali di Guido Rossa, sempre a Genova, duecentocinquantamila persone fra gente comune, uomini delle istituzioni e lavoratori scendono in strada insieme al presidente della Repubblica Sandro Pertini, in lacrime, e ai segretari di tutti i partiti politici italiani. La gente urla «Fascisti e brigatisti non passerete mai, insieme a Guido Rossa ci sono gli operai» e «Le nostre idee non moriranno mai, Guido è vivo e lotta insieme a noi».

Sono tanti gli uomini e le donne delle fabbriche a opporsi a quel terrorismo che nei loro luoghi di lavoro ha trovato accoliti per anni. A dichiarare che le loro idee sono diverse da quelle dei terroristi, come ha fatto Guido, pagando con la vita.

«Se il gesto di coraggio civile compiuto da Guido Rossa non fosse rimasto troppo isolato, forse la vita di questo nostro compagno non sarebbe stata spezzata» dice il segretario della CGIL Luciano Lama.

Sandro Pertini in persona attacca frontalmente le Brigate Rosse, parlando ai portuali genovesi che prima incerti, poi sempre più convinti, finiscono per applaudirlo.

La morte di Rossa genera un'ostilità insuperabile contro le BR e l'idea dei terroristi che la "punizione esemplare" contro Guido potesse servire come monito ed evitare altre denunce si rivela sbagliatissima. Al contrario, le querele aumentano, alcuni brigatisti si pentono, crescono gli arresti.

Un anno dopo, Riccardo Dura, l'uomo che il 24 gennaio 1979 è tornato indietro per sparare i due colpi di grazia a Guido Rossa, viene ucciso dai carabinieri in un assalto all'appartamento dove si nascondeva con altri brigatisti, nella stessa via Fracchia dove aveva ucciso Guido.

Tre anni dopo, nel 1981, l'arresto del capo delle BR, Mario Moretti, organizzatore del sequestro di Aldo Moro, segna l'inizio della fine del gruppo terroristico.

È sempre complicato dire quali momenti abbiano segnato la storia, quali specifici fatti abbiano davvero spostato l'asse degli eventi.

Io credo, in animo mio, che l'assurda lotta dei brigatisti fosse condannata alla sconfitta sin dall'inizio. Che la forza democratica dello Stato italiano fosse destinata a prevalere.

Ma è anche vero che, per riuscirci, lo Stato aveva bisogno di non combattere da solo. Era necessario che i lavoratori capissero inequivocabilmente da quale parte bisognava stare.

«È nello spazio che separa la classe operaia dallo Stato che il terrorismo si insinua. Dobbiamo riempire questo spazio» diceva sempre Guido Rossa, parlando al plurale.

Ma è stato lui, da singolo uomo, a colmarlo per primo.

5

NESSUNO PUÒ UCCIDERE LE IDEE

Storia di Thomas Sankara

Chiudete gli occhi.

Pensate a grandi condottieri, coraggiosi rivoluzionari, mitici eroi popolari. Sceglietene qualcuno, non so dire quanti, diciamo tre o quattro.

Di che colore è la loro pelle?

Da quale parte del mondo arrivano?

Potrei sbagliarmi, ma voglio sbilanciarmi e scommettere che, per quasi tutti voi, il colore di quella pelle è il bianco. E che tutte le figure cui avete pensato vengono dal mondo occidentale: Europa, Stati Uniti, forse – in qualche caso – Centro America.

Anche per me è così.

Il nostro immaginario di persone occidentali è bianco come questa pagina su cui scrivo. Le scuole ci hanno raccontato – e continuano in buona parte a raccontarci – *solo* storie di eroi bianchi.

Ma ci sono stati anche grandi eroi con la pelle nera, che venivano da posti lontanissimi come il cuore dell'Africa.

Il Burkina Faso, per esempio, prima di andare a cercarlo su internet io nemmeno sapevo bene dove fosse, anche se è uno Stato con diciannove milioni di abitanti, un terzo dell'Italia.

Si trova nell'Africa occidentale e confina – tra gli altri – con Mali e Costa d'Avorio, due paesi con una forte migrazione verso l'Europa. Il Burkina Faso è un altopiano di savane aride e non ha sbocchi al mare, per questo fa parte degli Stati del "quarto mondo", poveri fra i poveri, privi di risorse tanto economiche quanto naturali.

Ma in Burkina Faso è nato e vissuto un grandissimo eroe della storia non solo africana, ma mondiale. Una delle personalità più rilevanti del secolo scorso, anche se il suo nome è quasi sconosciuto, nel mondo bianco.

Thomas Sankara è stato tante cose, a cominciare da guerrigliero e comandante militare.

Però un comandante anomalo, che pensa a un esercito di soldati consapevoli che non si limitino a obbedire meccanicamente agli ordini.

«Quanti militari sono in giro in diversi campi di battaglia senza capire che stanno combattendo altri uomini e altre donne che lottano per gli stessi ideali? Senza una formazione e una preparazione politica, un soldato è un potenziale criminale.»

Nel 1976, a soli ventisette anni, Thomas crea il Gruppo degli Ufficiali Comunisti insieme a un altro giovane militare al quale legherà in modo indissolubile e tragico la sua vita: Blaise Compaoré. Quando, nel 1982, un colpo di Stato porta l'esercito al governo del paese, che in quegli anni si chiama ancora Alto Volta, Sankara ottiene la carica di primo ministro, ma viene rapidamente destituito.

È infatti troppo rivoluzionario, e al comando dell'Alto Volta viene messo il più moderato Jean-Baptiste Ouédraogo.

Sankara pensa a un paese che sia laboratorio di uguaglianza e democrazia e per inseguire questo sogno con il compagno di sempre Compaoré organizza, nel 1983, un nuovo colpo di Stato, sovvertendo il governo di Ouédraogo senza spargimenti di sangue e diventando presidente dell'Alto Volta.

Con l'amico Compaoré a fargli da vice, Thomas

Sankara inizia il suo progetto di ristrutturazione del paese sulla base di un'ideologia comunista e libertaria.

Cambia il nome da Alto Volta in Burkina Faso che significa, nelle due lingue più parlate sul territorio, "la terra degli uomini integri".

Avendo un passato da musicista, riscrive l'inno nazionale, intitolandolo *Une seule nuit*, "Una sola notte".

In quattro anni di governo Thomas Sankara restituisce dignità al Burkina Faso e gli imprime un'enorme spinta propulsiva con riforme innovative e una ferma lotta alla corruzione.

Diventano leggendari il suo rifiuto di arricchirsi, che lo lascia spesso al limite della povertà, e l'inseparabile bicicletta: ma non si tratta solo di apparenza, perché Sankara conduce davvero la vita di un qualsiasi cittadino del Burkina Faso e pretende lo stesso dai suoi ministri, imponendo loro di viaggiare su macchine utilitarie e di comprare biglietti aerei in classe economica.

Sankara cerca di sovvertire la stessa concezione sociale e culturale del suo paese.

S'impegna, per esempio, a perseguire la parità fra uomo e donna, garantendo il lavoro femminile e combattendo il maschilismo. Cerca di inserire le ex prostitute nel mondo del lavoro, spinge i suoi cittadini a usare i preservativi per non contrarre l'AIDS, abolisce la poligamia e l'infibulazione, orrenda pratica tribale di mutilazione dei genitali femminili. Avvia enormi campagne di vaccinazione di massa che raggiungono due milioni e mezzo di bambini, lotta contro la desertificazione piantando milioni di alberi nella regione desertica del Sahel.

Impiega l'esercito e le caserme anche nella produzione agricola e industriale, favorisce le piccole imprese e le risorse locali per garantirsi autosufficienza alimentare e di risorse, opponendosi all'importazione. Il Burkina Faso inizia a produrre e, di conseguenza, si abbassano i prezzi della merce, che il popolo può finalmente acquistare: è il caso della carne, a lungo importata a prezzi impossibili, o del cotone.

«Dobbiamo produrre in Africa, trasformare le nostre materie prime in Africa e consumare in Africa.»

Thomas è un uomo che comprende la forza dell'esempio in un paese a bassissima alfabetizzazione: quando decide che lo Stato deve fornire l'argilla per costruire le case, va di persona nelle zone di lavoro, mettendosi simbolicamente a lavorare con i muratori; quando vuole incentivare la donazione di sangue, raggiunge i posti di prelievo e dona il suo.

Fa introdurre piante dentro gli uffici pubblici, che ritiene debbano essere ambienti gioiosi e non grigi, lascia che i cittadini entrino alla radio nazionale, ogni mattina, per parlare liberamente al microfono facendo le loro proposte.

L'idea rivoluzionaria di Sankara non è quella di un paese livellato verso il basso e che lotti per sopravvivere, ma di un popolo che ambisca al benessere condiviso.

«La rivoluzione è anche vivere nell'opulenza, vivere nella felicità. Ma opulenza e felicità per tutti, non solo per qualcuno.» Sono parole commoventi e davvero rivoluzionarie, nella loro semplicità.

Il sogno di Sankara contagia l'intero Burkina Faso. È la visione di un mondo migliore e più giusto in cui l'uomo africano non è un suddito povero dell'Occidente ricco, ma arbitro del proprio destino.

Per questo, in particolare, assume posizioni antimperialiste, denunciando il nuovo colonizzatore che non ha la bandiera di uno Stato in particolare, ma continua a depredare l'Africa: è il debito.

I paesi occidentali, con il pretesto di aiutare quelli poveri, forniscono investimenti, ma in cambio chiedono condizioni e interessi di prestito che gli Stati africani non possono rispettare. Così, per ripagare quel debito, i paesi africani tagliano le spese di istruzione e sanità, svendono le risorse del loro territorio, si costringono alla sopravvivenza.

I poveri diventano più poveri, i ricchi più ricchi, in un circolo vizioso che si può rompere solo cancellando quel debito, richiesta che Sankara non ha paura a manifestare pubblicamente.

Sono posizioni inedite e radicali che rischiano di trascinare anche altri Stati sulla scia del Burkina Faso e mettono Sankara in conflitto con il mondo occidentale, in particolare con gli Stati Uniti e la Francia, che lui accusa aspramente di aver fiancheggiato il presidente bianco del Sudafrica Pieter Willem Botha, sostenitore dell'apartheid.

Purtroppo, come succede spesso per i sogni, specie in Africa, anche quello di Thomas finisce con un brusco risveglio.

Le sue posizioni rivoluzionarie e di rottura lo espongono ad attacchi interni nel paese e già nel 1984 viene sventato un tentativo di colpo di Stato per deporlo; le critiche all'imperialismo e al neocolonialismo lo isolano inesorabilmente anche dai paesi ricchi, che hanno timore di non poter più investire in Africa come hanno sempre fatto.

Il 29 luglio 1987 Sankara tiene un celebre, rivoluzionario discorso all'Organizzazione dell'Unità Africana in cui dice: «I debiti possono non essere pagati. Perché se noi non li rimborsiamo, i nostri finanziatori non moriranno. Al contrario, se noi pagassimo, i nostri paesi moriranno. Hanno giocato con noi come al casinò, hanno giocato e ora possono anche perdere. Sono le regole del loro gioco e la vita continuerà. Ma se il Burkina Faso resterà il solo a non voler pagare, io non ci sarò alla prossima conferenza. Se invece avrò il sostegno di tutti voi, sostegno di cui avrò un gran bisogno, se saremo tutti uniti, potremo evitare di pagare e usare le risorse per lo sviluppo dei nostri paesi».

Tutti lo applaudono, ma – in realtà – le sue parole fanno paura tanto all'Occidente quanto ai leader africani che vivono di sostegni esterni.

Sankara è in pericolo, viene scortato ovunque.

«A causa degli interessi che minaccio, a causa di quello che certi ambienti chiamano il mio "cattivo esempio", con l'aiuto di altri dirigenti pronti a vendersi la rivoluzione, potrei essere ammazzato da un momento all'altro. Ma i semi che abbiamo piantato in Burkina e nel mondo sono qui. Nessuno potrà mai estirparli. Germoglieranno e daranno frutti. Se mi ammazzano, arriveranno migliaia di nuovi Sankara!»

Le scorte in sua difesa possono proteggerlo da tante persone, ma non dall'uomo che è stato il suo migliore amico e più fedele compagno, quel Blaise Compaoré che negli anni si è trasformato in leader del partito che si oppone a Sankara.

A poco più di due mesi dal discorso sul debito, la sera del 15 ottobre 1987 i due ex amici e compagni di armi e lotta arrivano al momento decisivo.

Non è chiaro cosa accada.

Sembra che stiano litigando e che Thomas accusi Blaise di averlo tradito, voltando le spalle anche a tutti gli ideali rivoluzionari.

Compaoré gli prende la pistola dalla cintura e gli spara al petto, uccidendolo.

Dapprima sosterrà di non averlo mai fatto, poi di aver sparato per errore.

Secondo un'altra versione, invece, Sankara viene ucciso a colpi di mitra da uomini di Compaoré, in un agguato premeditato.

Quale che sia il modo in cui muore questo eroe, il suo corpo subisce anche l'offesa che tocca a molti grandi guerrieri nella storia: viene fatto a pezzi e sepolto in una tomba senza nome, fuori dalla capitale Ouagadougou.

Sul certificato di morte si parla di "decesso per cause naturali", come se le pallottole fossero una malattia. E forse lo sono, una malattia, una malattia terribile, nei luoghi più poveri del pianeta.

Compaoré non si limita a uccidere Sankara, distruggerne il corpo e occultarne la sepoltura, ma tenta anche di cancellarne la memoria: esercita un oblio formale e sostanziale, evitando sempre di pronunciare anche solo il nome di Sankara. Giunge perfino a proclamare una festa nazionale proprio nel giorno della morte dell'ex amico.

Nel 2007, in occasione del ventennale della morte, temendo manifestazioni di dissenso, Compaoré arriva a distribuire soldi e donazioni per non far affluire la gente al cimitero di Dagnoen, dove si suppone siano sepolti alcuni resti di Thomas, eppure nemmeno questo basta, perché in tanti vanno ugualmente a celebrare il ricordo dell'eroe del Burkina Faso.

Gli uomini di Compaoré, dopo la ricorrenza, danneggiano la tomba di Sankara, ma quella tomba viene ricostruita ancora.

Quando infine, nel 2014, un'insurrezione popolare caccia Blaise Compaoré, nelle parole che la gente scrive sui muri e dipinge sui cartelli campeggia proprio quel nome che lui ha cercato invano di cancellare: Thomas Sankara.

In fondo proprio Sankara lo aveva anticipato, prima di morire: «Mentre i rivoluzionari in quanto individui possono essere uccisi, nessuno può uccidere le idee».

6

FINO ALL'ULTIMA PAROLA

Storia di Anna Politkovskaja

Raccontare e, insieme, farsi testimone.

Essere gli occhi di chi non può vedere e la voce di chi non può parlare.

È questo il modo in cui Anna Politkovskaja intende il lavoro di giornalista al quale dedica la vita intera, animata da quel senso di impegno civile per cui si è iscritta all'università di Mosca ed è diventata cronista.

La vicenda professionale e umana di Anna cambia radicalmente quando, nel 1998, va in Cecenia per la prima volta, per il giornale «Obščaja Gazeta».

La Cecenia, questo nome misterioso di un luogo che non sappiamo nemmeno collocare sulla cartina geografica, è spesso una grande voragine nella nostra conoscenza, ma anche nella storia russa. Regione caucasica, quando nel 1991 l'URSS si sfalda, la Cecenia entra a far parte dello Stato federale della Russia. Ma presto quella che era un'antica fiamma di indipendentismo riprende a bruciare, e nel 1994 la Cecenia si dichiara Repubblica indipendente dalla Russia che, in risposta, la attacca militarmente.

Lo scontro sembra a senso unico, le forze militari russe sono decisamente superiori, ma l'esito è imprevisto: la guerriglia cecena riesce a mettere in enorme difficoltà l'esercito regolare russo e un conflitto che doveva essere di "facile" risoluzione si rivela molto più impegnativo del previsto.

La stessa popolazione russa non vuole la guerra e la Russia deve arrendersi: il conflitto finisce con la dichiarazione d'indipendenza della Cecenia al prezzo di migliaia di morti per entrambi gli eserciti e, come capita in ogni conflitto, un numero ancora più grande di vittime civili.

Nel 1998, però, sulla scena politica irrompe un colonnello che ha lavorato nei servizi segreti federali: Vladimir Putin. Con una folgorante ascesa, che molto deve all'attivismo militare e alla sua immagine risoluta, Putin diventerà rapidamente primo ministro della Russia.

Gli attacchi al vicino Stato del Daghestan e alcuni atti terroristici compiuti nella stessa Mosca da gruppi islamisti ceceni offrono a Putin la possibilità di lanciare un'operazione antiterrorismo nella zona, che lui battezza "Vortice antiterrore" e presto si trasforma in un attacco militare alla Cecenia, sulla quale la Russia vuole riprendere il controllo.

Anche questa seconda guerra cecena dovrebbe essere rapida e durare al massimo quattro mesi.

Ma, di nuovo, la resistenza cecena incastra i russi e la guerra durerà dieci anni, causando circa centomila vittime civili, di cui circa trentunomila bambini rimasti mutilati o con invalidità permanenti, oltre a un enorme numero di profughi parcheggiati nei campi in condizioni pessime.

Le conseguenze della guerra saranno enormi, e la Cecenia collezionerà molti tristi primati, quali la più alta densità di mine terrestri del globo, l'etichetta di zona "di disastro ecologico" e, per la sua capitale Groznyj, quella di "città più devastata del mondo" nel 2003.

Anna Politkovskaja va per la prima volta in Cecenia nel 1998 come inviata dell'«Obščaja Gazeta» ma ci torna nel 1999 quando è passata alla «Novaja Gazeta», un quotidiano nato nel 1993 come voce autorevole e indipendente, impresa non facile in una Russia dove la maggioranza dei giornali pubblica articoli ideologici favorevoli al governo formalmente democratico ma nei fatti dittatoriale che – allora come oggi – ha il potere.

"Democratura" è il termine usato dai suoi oppositori per descriverlo.

Politkovskaja si appassiona alla tragica e scomoda questione cecena di cui, in Russia, nessuno vuole parlare. Per farlo stringe contatti, intesse rapporti, si guadagna la fiducia delle popolazioni locali che le raccontano le loro tragiche vicende.

Anna, soprattutto, testimonia le violenze delle truppe regolari russe, ma anche quelle di alcune formazioni cecene.

Critica duramente il leader russo Putin per la conduzione di questa guerra sporca, in cui i rastrellamenti per dare la caccia a presunti terroristi diventano spedizioni punitive arbitrarie in villaggi già poverissimi, operazioni di terribile brutalità in cui le persone vengono torturate perché confessino colpe che spesso nemmeno hanno.

Anna scrive di esecuzioni sommarie, di maltrattamenti, di mutilazioni, di stupri da parte dell'esercito russo. Di denti che vengono segati, di orecchie tagliate, di passaggi della morte lungo corridoi foderati di soldati che brandiscono mazze.

E di corruzione, anche.

Ovunque alla popolazione cecena vengono chiesti soldi: soldi per aver salva la vita, soldi per ottenere la libertà dei prigionieri, soldi perfino per riavere i cadaveri delle vittime.

Anna racconta anche di chi ha il coraggio di opporsi, come il tenente russo Bagreev che si rifiuta di sparare a persone inermi, viene picchiato, sepolto in una fossa e lasciato lì, dopo essere stato privato di un orecchio. La Politkovskaja racconta la storia di Bagreev, chiedendo per lui una Medaglia al valore. Dalla Russia le rispondono che non è prevista, per questo genere di condotte.

Non è raro che siano gli stessi uomini dell'esercito russo a rivolgersi a lei per far emergere verità taciute.

Sulle colonne della «Novaja Gazeta» e nelle pagine dei suoi libri, oltre alla condanna per i carnefici, Anna riesce a esprimere anche compassione per i boia, per questi soldati giovanissimi, mandati in luoghi terribili, in contesti di brutalità, cresciuti nell'odio che rende inumani. Politkovskaja documenta come molti soldati russi siano scelti fra i ragazzi più "difficili", quelli prelevati dagli orfanotrofi, spesso senza famiglie che li possano piangere se moriranno al fronte.

Si parla di "sindrome cecena" per spiegare i disturbi psicologici che colpiscono molti dei militari impegnati nel conflitto: di ritorno dalla zona di guerra, non riescono a riprendere una vita normale, come accadeva, molti anni prima, ai reduci americani del Vietnam.

Il giornalismo di Anna denuncia tutto quanto la società russa non può o non vuole vedere, scelta per cui riceve quotidiane minacce di morte.

«Non posso non andare, questa gente ha bisogno di me.»

La picchiano diverse volte con l'accusa di essere faziosa.

In uscita da una visita a un campo militare russo, viene prelevata da alcuni uomini in borghese. La sequestrano, la minacciano, la mettono in una buca come si fa con i prigionieri, accusandola di essere una traditrice che solidarizza coi guerriglieri. Poi, mentre fuori si sentono rumori di scontri a fuoco, la portano in un campo aperto e le puntano alla schiena un cannoncino lanciarazzi.

«Adesso spariamo e diciamo che sei morta nei bombardamenti, nessuno lo saprà mai.»

Ma non lo fanno, vogliono solo spaventarla, vogliono che non scriva più e insieme che riveli i suoi contatti, cosa che Anna non farà mai.

«Sono realmente qui, ma allo stesso tempo è come se fossi in un film» racconta a chi le è vicino.

Nel 2001 deve fuggire a Vienna per le minacce che subisce da parte di un ufficiale delle unità antiterrorismo che lei ha accusato di crimini contro la popolazione civile in Cecenia. L'uomo sarà poi arrestato e condannato.

Sono pochi i colleghi che la sostengono e questi, per lo più, le suggeriscono di emigrare definitivamente, di andare via dalla Russia dove è impossibile scrivere liberamente ed è troppo facile morire per raccontare la verità, via per salvarsi.

Ma la Politkovskaja rifiuta, nonostante la folta schiera di nemici che si è guadagnata con i suoi reportage sulla Cecenia: non solo leader militari russi e i loro avversari, i guerriglieri ceceni indipendentisti più estremi, ma anche le pericolosissime e ambigue forze paramilitari cecene, che combattono però al fianco dei russi.

Ci sono anche dei nazionalisti-fascisti russi che come simbolo hanno una falce e un martello riprodotti in modo da ricordare una svastica. Pubblicano sul web liste di nemici e indicano l'indirizzo di casa di Anna.

«Vivere così è orribile. Vorrei un po' di comprensione. Ma la cosa più importante è continuare a fare il mio lavoro, raccontare quello che vedo.»

Il 23 ottobre del 2002, però, è la Russia che diventa teatro di guerra quando trentanove terroristi armati di esplosivi, bombe a mano, kalashnikov e pistole si asserragliano nel teatro della Dubrovka, a Mosca, con ottocentocinquanta ostaggi.

Per non uccidere i prigionieri, i terroristi pretendono il ritiro delle forze russe dalla Cecenia; alcuni dei sequestratori sono donne, hanno i volti coperti, pistole in mano, candelotti esplosivi.

Chiedono di parlare con la mediazione di Anna Politkovskaja, che loro considerano un'interlocutrice affidabile. Il governo russo accetta ma chiarisce, da subito, che non c'è alcun margine di trattativa.

Anna entra nel teatro e trova gli ostaggi in condizioni gravi, disperati, rassegnati a morire. Scopre inoltre che le terroriste donne presenti sono, per lo più, famigliari di vittime delle operazioni russe.

In quelle ore Anna non scrive interviste o articoli, ma si occupa di far arrivare acqua e succhi di frutta dentro il teatro e riesce a far rilasciare alcuni ostaggi, andando molto al di là del suo ruolo di cronista e di mediatrice.

Il terzo giorno le autorità russe decidono di compiere un'azione di forza, un blitz per liberare gli ostaggi, che si trasforma in tragedia.

I reparti speciali immettono nel teatro un gas non meglio precisato che, viste le condizioni di affaticamento delle persone e gli spazi chiusi, non uccide solo tutti i terroristi ma anche novanta degli ostaggi, almeno questo sembra all'inizio.

Poi i morti civili salgono a centoventinove, infine a centosettantaquattro.

Anna Politkovskaja incontra i parenti delle vittime, li sostiene, ne racconta le vicende e li aiuta a denunciare quel blitz "sciagurato".

Il terrorismo ceceno intanto continua con attacchi terribili e quando il 1° settembre 2004 a Beslan, una cittadina dell'Ossezia del Nord, un'altra repubblica caucasica, i terroristi occupano una scuola facendo millecentodieci ostaggi, molti dei quali bambini, Anna parte senza esitare.

Ma in aereo beve un tè che le viene offerto e si sente subito male, così male che l'aereo torna indietro e Anna è trasportata d'urgenza in ospedale. Va in coma, perde conoscenza per tre giorni. Dalle analisi emergono tracce di veleno nel suo corpo, un'intossicazione grave che pagherà con continui disturbi per il resto della sua vita.

«Sono stata incauta, non avrei dovuto bere e mangiare nulla» dice lei.

«Fosse capitato a me avrei smesso. Lei no. Il tentativo la rafforzò, la convinse che lei era nel giusto e loro erano solo dei vigliacchi» racconterà suo figlio.

Anna continua infatti a rilasciare interviste per spiegare che il terrorismo ceceno è anche il prodotto di una situazione terribile del paese e di atrocità commesse sui civili che generano una spirale senza uscita: la violenza usata per fermare il terrorismo finisce solo per generare altro terrorismo e altra violenza.

«Le persone se vengono messe all'angolo raramente rimangono umane, si trasformano in bestie.»

Per cercare soluzioni diplomatiche, lei che è figlia di due diplomatici scrive a Vladimir Putin una lunga lettera con punti e proposte di riflessione, ma non ottiene alcuna risposta.

Nel 2005 va a intervistare Ramzan Kadyrov, leader militare ceceno, ma sostenuto da Putin per "pacificare" la regione.

Kadyrov, in quel momento ancora poco noto al mondo, è considerato un estremista, capo di milizie personali responsabili di atroci brutalità.

Anna lo ritiene un "bandito di Stato" e non esiterà poi a definirlo «un pazzo, un idiota, un bambino terribile, dice e fa ciò che vuole. Uccide molte persone».

L'intervista ovviamente prende una brutta piega, i due quasi arrivano alle mani, una collega di Anna e una guardia del corpo devono dividerli e Kadyrov le promette che la ucciderà.

La concretezza delle minacce che Anna riceve si chiarisce quando, nel suo stesso palazzo, viene ammazzata una donna che ha circa la sua età e i capelli grigi come lei.

I figli sono terrorizzati. «Non lo capisci che cercavano te?»

«Sono cose che capitano, a Mosca, si sa che è una città pericolosa» risponde lei, e insiste a fare il suo lavoro.

«Il rischio è parte del mio mestiere. Quando capirò di non poter fare oltre lascerò il giornalismo, ma per ora sono ancora qui» dice nel 2004, mentre continua a sperare nella fine del conflitto e nella pace.

Nonostante il suo coraggio le conferisca un'aura di invincibilità, anche Anna Politkovskaja è un essere umano, una donna di carne e sangue, quel sangue che scorre nell'ascensore del suo palazzo il 7 ottobre del 2006.

È appena rientrata dalla spesa, è salita in casa, ha lasciato i sacchetti e poi è scesa ancora, per uscire di nuovo.

Quando le porte dell'ascensore si aprono, al piano terra trova ad aspettarla un uomo con un cappellino che in mano stringe una pistola silenziata.

L'uomo spara tre volte contro il suo corpo.

Anna cade a terra, e lui le spara alla nuca, per finirla, e getta via la pistola, prima di andarsene.

L'uomo fa tutto con calma, come un professionista della morte.

È il giorno del compleanno di Vladimir Putin.

Tre giorni dopo, la «Novaja Gazeta» scrive che Anna stava per pubblicare un reportage sulle violenze commesse dalle forze di sicurezza cecene filorusse. Mancano due foto, ma il giornale pubblica lo stesso il pezzo.

I funerali si celebrano il 10 ottobre fuori Mosca, in un luogo difficilmente raggiungibile, ciononostante mille persone fra giornalisti e cittadini le portano l'ultimo saluto, ma non si presenta nessuna autorità politica russa.

La redazione della «Novaja Gazeta» viene invasa di fiori, mentre Putin non fa alcuna dichiarazione se non dopo giorni, quando dice, laconicamente, che Anna «era ben conosciuta fra i giornalisti, gli attivisti per i diritti umani e in Occidente. Comunque, la sua influenza sulla vita politica russa era minima. Il suo omicidio ha fatto più danni delle sue pubblicazioni. Chiunque sia stato non resterà impunito».

Non è del tutto vero: dopo l'assassinio le autorità russe hanno individuato gli esecutori, quattro uomini ceceni aiutati da un ex ufficiale della polizia di Mosca, ma al processo sfuggono ancora tante verità.

«Non posso dire di essere soddisfatto della sentenza» dice il figlio di Anna poco dopo il verdetto «perché non sono stati individuati i mandanti, che è la cosa più importante.»

Le indagini sono state lacunose al punto che la Corte europea dei Diritti dell'Uomo ha condannato Mosca per non aver condotto un'inchiesta efficace sull'omicidio e rimane il mistero su chi davvero abbia pianificato l'eliminazione di Anna Politkovskaja.

Nel frattempo, in Cecenia, una volta conclusa la seconda guerra con la vittoria della Russia, al governo è andato proprio il filorusso Ramzan Kadyrov, lo stesso uomo che aveva minacciato Anna di morte durante la sua intervista, un leader estremista accusato fra l'altro di persecuzioni contro gli omosessuali, che ha introdotto la legge islamica, che spinge per l'adozione del velo per le donne e il cui esercito personale, formato dai *kadyroviti*, è accusato di una lunga sfilza di crimini, violenze, omicidi.

Molti degli avversari politici di Kadyrov sono morti ammazzati e più di una persona ha collegato al suo nome i killer ceceni che materialmente hanno ucciso Anna Politkovskaja.

Non ci sono dubbi che lei avrebbe continuato a scrivere di Kadyrov, della Cecenia e della drammatica situazione del giornalismo in Russia, paese che rimane fra quelli con la peggiore libertà di stampa del mondo, al centoquarantanovesimo posto su centottanta.

Negli anni Vladimir Putin ha tentato ripetutamente di controllare i media, e nel 2019 la Russia ha approvato due leggi che limitano la libertà di stampa: vengono punite le critiche al governo, le offese alle istituzioni online e le fake news, ma non è chiaro chi possa stabilire cosa sia fondato e cosa no. La legislazione prevede anche che i giornali online, i siti web e i provider cancellino, su richiesta, ogni informazione che "manchi di rispetto" alla Russia o non sia considerata veritiera e possa rappresentare una minaccia per lo Stato. Se ciò non accade, il sito viene oscurato.

La Russia ha già bandito la messaggistica di Telegram e punta alla sovranità web, ovvero a una rete internet in grado di funzionare anche sconnessa da quella globale.

In ogni Stato autoritario il giornalismo rimane l'unica speranza di libertà e salvezza per chi è oppresso e non ha voce, una fiammella tenuta accesa da professionisti coraggiosi che rischiano la loro vita per farsi testimoni della verità.

Nell'ultima intervista ad Anna, i colleghi italiani della «Stampa» le hanno chiesto se avesse paura che sorgessero altri divieti, che chiudessero i giornali.

«Ne ho una paura folle» ha risposto lei. «Ma ho deciso che resterò fino all'ultimo, fino a che non potrò più pronunciare una parola.»

7

IMI

Storia di Aldo Vivaldi

Quando si parla di Resistenza si parla, per la stragrande maggioranza, di quegli uomini e donne, ragazzi e ragazze, che si batterono contro il fascismo aderendo ai movimenti di liberazione, entrando in clandestinità e prendendo le armi per combattere contro il regime.

Questo accadde, in particolare, dopo l'armistizio del 1943, quando l'Italia si arrese agli Alleati angloamericani che stavano risalendo la penisola dopo essere sbarcati a Sud e il nostro paese rimase fisicamente diviso in due parti, visto che il Nord e parte del centro furono occupati militarmente dai nazisti e sottoposti a un nuovo governo fascista, la Repubblica di Salò.

Oltre agli uomini che si unirono alla guerra partigiana, però, ce ne furono anche altri, spesso molto giovani, che combatterono ugualmente. E lo fecero senz'armi, nonostante fossero soldati.

Si tratta degli IMI, una sigla spesso sconosciuta, un capitolo tante volte ignorato della nostra storia, una parola che identifica gli Internati Militari Italiani.

Ma chi sono, gli IMI?

Nelle ore immediatamente successive all'entrata in vigore dell'armistizio firmato dal generale Giuseppe Castellano con lo statunitense Bedell Smith, l'Italia entra in uno stato di confusione, in particolare nelle zone dove i militari tedeschi sono presenti in forze.

Da un momento all'altro i soldati italiani da alleati diventano nemici della Germania.

I tedeschi raggiungono velocemente le caserme del Nord per prenderne il controllo immediato e farsi consegnare le armi.

Vi sono, in quei momenti concitati e confusi, episodi eroici di spontanea opposizione alle truppe del Reich. Nella caserma di Cremeno, a Genova, quando trovano i tedeschi all'ingresso che chiedono di entrare per la consegna delle armi, i soldati si rifiutano di obbedire e – con l'aiuto della popolazione – iniziano uno scontro a fuoco che costerà undici vittime.

La caserma si deve arrendere quando i tedeschi minacciano di raderla al suolo con l'artiglieria pesante e questo gesto viene considerato uno dei primissimi, se non il primo, atto puro di Resistenza della storia italiana, seppure a opera dei militari dell'esercito regolare.

In altre caserme, però, i soldati sono pochi, non vengono informati di nulla o non hanno il tempo di capire cosa sia successo. I tedeschi arrivano e, nel giro di pochissimo, i militari italiani devono scegliere cosa fare della propria vita. Le opzioni sono soltanto due: aderire alla Repubblica di Salò e combattere ancora per il fascismo o rifiutarsi e diventare prigionieri di guerra, con il rischio, quasi la certezza, di essere spediti in prigione in Germania.

È il caso di un giovane soldato di ventidue anni, nato a Ventimiglia, che è stato a lungo di stanza in Puglia come carrista ed è finito poi a Vercelli.

Si chiama Aldo Vivaldi e non è mai stato un fascista. Prima della guerra, era un ottimo corridore, una speranza dell'atletica nei cinquemila e diecimila metri, poi – a diciannove anni – si è dovuto arruolare. Non ha mai combattuto, non ha mai ucciso, il suo reparto lo ha impiegato per lo più come supporto nei campi del Meridione per i raccolti.

Ora però la guerra è arrivata da lui.

«Aderisci a Salò?» chiedono ad Aldo e agli altri soldati con lui a Vercelli.

Un suo commilitone, che è originario di quelle zone del Piemonte e ha una moglie e una figlia, gli confessa che non se la sente di rischiare di finire in Germania e passa all'esercito fascista chiamato "repubblichino". Combatterà per Salò, a fianco dei nazisti, principalmente contro i partigiani. Italiani che devono uccidere altri italiani.

Aldo non ha famiglia, ma ha i suoi genitori, non più giovanissimi, che lo aspettano a Genova, dove si sono trasferiti. Aderire a Salò gli garantirebbe la possibilità di continuare a vederli e non finire prigioniero, ma al prezzo di combattere per i nazisti. A lui nazisti e fascisti non sono mai piaciuti e non vuole ammazzare partigiani. Posto di fronte alla domanda: «Vivaldi, aderisci a Salò?», Aldo decide.

«No.»

Lo mettono su un treno, insieme a tanti altri soldati che hanno servito il paese, ma ora sono diventati "traditori" perché non vogliono schierarsi al fianco di Hitler: pensano che la guerra debba finire e l'Italia arrendersi.

Sono gli IMI: seicentomila giovani italiani che finiscono in prigione in Germania.

Non vengono rinchiusi nei campi di concentramento destinati allo sterminio sistematico, ma *internati*, cioè incarcerati nei campi di prigionia militare.

Questo non significa che non muoiano lo stesso.

In quanto traditori, subiscono il peggiore dei trattamenti possibili, anche rispetto ai militari di altri paesi, come l'Inghilterra, che sono nemici di guerra, ma non hanno tradito.

Gli italiani prigionieri in Germania soffrono la fame, il freddo, le malattie, vengono utilizzati per i lavori più duri. Se sgarrano possono essere giustiziati per decisione di un qualsiasi piccolo ufficiale nazista.

Aldo finisce a Lipsia e lì combatte la sua personale e quotidiana guerra di resistenza per sopravvivere e non arrendersi.

Degli IMI partiti per la Germania, il dieci per cento, ovvero sessantamila uomini, quasi tutti giovani, non torneranno mai, perché moriranno. Alcuni, invece, piegati dalla prigionia cambieranno idea e combatteranno per Salò e i nazisti.

Nel campo di prigionia di Lipsia Aldo sta male, ha poco cibo, perde tanto peso e da sessantadue chili arriva a pesarne quarantacinque.

Ma non cambia idea e non chiede di rientrare a combattere per Salò.

Ai genitori scrive qualche lettera per comunicare che è vivo e accertarsi che lo siano anche loro, visto che Genova è sotto i bombardamenti.

Per fortuna il suo compagno di cella, un ragazzo veneto che si chiama Raimondo, riceve pacchi di cibo dall'Italia, e li condivide con lui.

«Se usciamo vivi di qui ci dobbiamo fare da testimoni di matrimonio.»

Poi, però, man mano che la guerra si avvicina alla Germania, i tedeschi decidono di impiegare i soldati italiani al fronte, per scavare trincee, costruire barricate, spalare neve, il tutto sotto le bombe sganciate dagli aerei alleati.

Le possibilità di salvarsi diminuiscono, il sogno di Aldo e Raimondo di farsi da testimoni di nozze svanisce.

Alla fine del 1944 di Aldo si perdono le notizie, in Italia si inizia a ipotizzare che sia morto.

Fino al 3 maggio 1945.

Genitori carissimi,

certamente sarete stati in apprensione per questo mio lungo silenzio e voi non potete immaginare quanto siano stati lunghi questi mesi in cui non potevo scrivere, infatti i tedeschi non ci permettevano di scrivere in Italia per tutto il periodo in cui si doveva stare al fronte, periodo che secondo loro dicevano non doveva essere superiore alle 4 settimane, però malgrado queste assicurazioni il tempo passava e il ritorno a Lipsia non avveniva, finalmente il 7 mattino grazie alla rapida avanzata delle truppe americane sono stato assieme a moltissimi altri liberato ed ora mi trovo sempre assieme agli americani in territorio francese, però mi trovavo sempre nell'impossibilità di scrivervi perché a Genova vi erano ancora i tedeschi.

Finalmente qualche giorno fa anche Genova è stata liberata ed allora mi sono affrettato a scrivervi, sperando che questa vi possa giungere ed avere così anche io vostre notizie, ché sono molto in apprensione per voi, anche in seguito agli ultimi avvenimenti svoltisi in Italia.

Come già vi ho detto più sopra mi trovo ora assieme agli americani, sono vestito come loro e sono addetto a fare la guardia ai prigionieri tedeschi, anche per il vitto abbiamo quasi lo stesso trattamento degli americani, in poche parole vi posso dire che non mi manca niente, persino di sigarette ne abbiamo in abbondanza però non potrò mai dimenticare quei pochi e tristi mesi passati al fronte nelle immediate vicinanze delle prime linee, continuamente sotto il tiro delle artiglierie, dei bombardamenti e dei mitragliamenti, con scarso mangiare, a dormire nelle stalle, sporchi, pieni di pidocchi, a lavorare con un freddo intensissimo, a fare fortificazioni o a togliere la neve dalle strade. Moltissimi di noi sono rimasti uccisi o feriti sotto i colpi delle granate, fortunatamente io malgrado mi sia trovato quasi sempre in mezzo alle granate sono rimasto illeso, finché è arrivato il tanto atteso giorno della liberazione e allora tutto è cambiato, quindi state tranquilli che io ora sto benissimo e non aspetto altro che un vostro scritto che mi permetta di attendere con tranquillità il non più lontano giorno del ritorno.

Nella speranza di poter ricevere vostre notizie ricevete i miei cari ed affettuosi saluti e baci,

Aldo

La liberazione dai campi di prigionia, però, non è una festa. I soldati si ritrovano soli e smarriti per giorni.

Al ritorno in patria, Aldo racconterà di essersi salvato vagando senza meta e finendo in un fienile, sfinito e malato di tifo. Un fienile dove una famiglia di contadini tedeschi gli portava patate e latte, senza dirgli nulla, ma nutrendolo. Di Raimondo, invece, ha perso le tracce.

Aldo rimane altri mesi in Germania, a vigilare sui tedeschi.

Quando infine torna in Italia a riabbracciare i genitori, riprende la sua vita. Non corre più – la guerra lo ha provato troppo –, però trova lavoro come ferroviere. La sua non è la vicenda incredibile degli eroi di questo libro. È, invece, una storia semplice e unica, come semplici e uniche sono state le vicende di tantissimi ragazzi italiani che scelsero, con coraggio, di non aderire al fascismo di Salò e preferirono la prigione in Germania, con il rischio di morire lassù, anonimi, attesi invano dalle proprie famiglie. Bollati come traditori e spesso dimenticati dall'Italia anche dopo la guerra.

Molti di loro, come Aldo, non prenderanno mai la pensione di guerra destinata ai combattenti e ai partigiani, perché non sono mai stati ufficialmente in una zona di guerra, pur avendo rischiato per mesi la vita sotto le bombe.

Ma c'è ancora un piccolo pezzo di questa storia.

Una volta finita la guerra, Aldo riceve posta dal Veneto.

A scrivergli è il suo ex compagno di cella in Germania, Raimondo, che lo ha ritrovato e tiene fede alla promessa di invitarlo al suo matrimonio.

Così Aldo parte per un piccolo paese chiamato Lamon, nel cuore della provincia di Belluno.

Sale su un treno talmente malconcio che, al posto dei finestrini, ha delle assi di legno inchiodate.

Il ponte ferroviario sul fiume Po, distrutto dalle bombe, è sostituito con un ponte di barche e il treno è lentissimo.

Aldo impiega due giorni per arrivare, ma perde l'ultima corriera per Lamon.

Però non si arrende, e percorre a piedi gli ultimi diciassette chilometri prima di raggiungere quel paese dove non immagina di avere un appuntamento anche con il suo destino.

Al matrimonio di Raimondo, infatti, Aldo conosce una ragazza del paese, un'amica della sposa, con cui inizia a scriversi lunghe lettere d'amore.

Quella ragazza si chiama Anna e diventerà sua moglie.

Aldo e Anna sono stati i miei nonni.

8

TI HO DETTO CHE VEDEVO LA FELICITÀ

Storia di Cui Jian

Nel 1989 il mondo cambia.

I regimi comunisti d'Europa iniziano a vacillare sotto la spinta di libertà impressa dal leader dell'Unione Sovietica Michail Gorbačëv, il quale ha capito che un sistema basato sulla repressione del dissenso e la chiusura all'Occidente e al libero mercato non può reggere. Più diritti civili e umani, migliori condizioni di vita e di salari, accesso ai beni di consumo sono richieste ormai ineludibili, e le proteste che iniziano a montare nella primavera del 1989 cresceranno di forza sino a sovvertire, nei mesi e negli anni seguenti, tutti i regimi comunisti dell'Est del mondo.

A parte uno, quello del paese più grande e più orientale di tutti.

A Pechino, capitale della Cina, le proteste degli studenti iniziano nell'aprile del 1989 e scatenano qualcosa di mai visto in un paese che ha sempre soffocato il dissenso.

Le manifestazioni crescono di settimana in settimana: se in aprile ci sono cinquantamila studenti nelle strade, in maggio diventano centomila, sospinti dal vento di libertà che soffia dall'Unione Sovietica.

Gli studenti chiedono più diritti civili, come quello di cronaca nei media, di associazione e riunione; chiedono la liberalizzazione sociale, politica, economica; chiedono una lotta alla corruzione dello Stato e alla soffocante burocrazia. Con loro manifestano gli operai che portano avanti rivendicazioni sindacali, in particolare domandando salari più giusti e minori divergenze di stipendio tra loro e la classe dirigente.

La sede della protesta è piazza Tienanmen, nel cuore di Pechino, dove i manifestanti si accampano, dibattono, festeggiano anche a lungo e allestiscono un palco di fortuna sul quale parlare e fare musica.

Su quel palco sale imbracciando la sua chitarra un giovane musicista, ex suonatore di tromba e membro della filarmonica di Pechino che si è convertito a un sound a metà tra folk e tradizione, pop e rock. Tutto questo in un paese dove il governo, solo quattro anni prima, ha definito il rock e il jazz «pornografici» e pericolosi perché «possono far muovere i piedi e ondeggiare le anche contro la volontà delle persone».

Nel 1986 Cui Jian si è guadagnato il titolo di "bomba atomica del rock and roll cinese" incidendo il successo *Nothing to My Name*, cioè "Non ho nulla di mio", suonata anche ai Giochi Olimpici di Seul del 1988 e amatissima dai ragazzi.

Il pezzo racconta la storia di un cantante che non ha nulla, ma prega una ragazza di seguirlo. Lei ride, lo ignora, lo prende in giro, sino a che, alla fine, non accetta di andare via con lui. Chi ascolta Cui Jian, in quella ragazza vede la Cina.

Data la sua grande fama internazionale, la scelta di salire sul palco di Tienanmen di fronte a migliaia di giovani che intonano insieme le sue canzoni rappresenta un enorme sostegno alla protesta.

«Te l'ho chiesto all'infinito, quando verrai via con me» canta Cui Jian rivolgendosi a quella ragazza che rappresenta una Cina diversa, evocata anche in un'altra grande hit, *A Piece of Red Cloth*, "Un pezzo di stoffa rossa":

Quel giorno tu hai usato un pezzo di stoffa rossa
Hai reso ciechi i miei occhi e
Mi hai chiesto che cosa vedessi
Ti ho detto che vedevo la felicità.

Cantando *Un pezzo di stoffa rossa* a Tienanmen, Cui Jian compie un gesto di enorme forza: si lega una benda rossa sugli occhi, suonando senza vedere il suo pubblico, a simboleggiare la cecità che il regime comunista vorrebbe imporre a lui e a quegli stessi ragazzi che lo ascoltano.

I manifestanti, che crescono di numero e hanno l'attenzione dei giornali di tutto il mondo, sembrano davvero poter convincere il regime a un cambiamento, specie quando in Cina, a metà maggio, arriva per una visita diplomatica Michail Gorbačëv. Gli studenti sfruttano la visibilità del leader russo e, da piazza Tienanmen, diffondono una dichiarazione che inizia così: «In questo caldo mese di maggio, noi iniziamo lo sciopero della fame. Nei giorni migliori della giovinezza dobbiamo lasciare dietro di noi tutte le cose belle e buone, e Dio solo sa quanto malvolentieri e con quanta riluttanza lo facciamo. Ma il nostro paese è arrivato a un punto cruciale: il potere politico domina su tutto, i burocrati sono corrotti, molte brave persone con grandi ideali sono costrette all'esilio. È

un momento di vita o di morte per la nazione. Tutti voi compatrioti, tutti voi che avete una coscienza, ascoltate le nostre grida. Questo paese è il nostro paese. Questa gente è la nostra gente. Questo governo è il nostro governo. Se non facciamo qualcosa, chi lo farà per noi?».

La mobilitazione continua, portando in piazza centinaia di migliaia di cinesi e, mentre la protesta si diffonde in altre trecento città, il Partito comunista cinese è diviso sul modo in cui gestirla. Il segretario del partito, Zhao Ziyang, è favorevole al dialogo e a una soluzione pacifica; per questo, con una scelta coraggiosa e drammatica, all'alba del 20 maggio 1989 scende a Tienanmen per indurre i ragazzi a cessare lo sciopero della fame e liberare la piazza, prima che arrivi una temuta soluzione di forza.

Ma Zhao Ziyang fallisce, e prevale l'ala conservatrice del partito, ispirata dal leader militare Deng Xiaoping, che accusa i manifestanti di essere «al soldo delle potenze estere» e mira a cancellare la protesta sgomberando la piazza.

L'esercito occupa Pechino senza scontri con la popolazione, ma i manifestanti erigono barricate e bloccano le strade, impedendo ai militari di arrivare alla piazza Tienanmen ancora piena.

Dopo dodici giorni di stallo, Deng Xiaoping fa approvare la legge marziale, per la seconda volta nella storia della Cina dopo la rivolta del Tibet del 1959.

La notte del 3 giugno 1989 l'Esercito Popolare di Liberazione si muove dalla periferia di Pechino verso piazza Tienanmen mentre in TV e attraverso i megafoni viene ordinato ai cittadini il coprifuoco.

«Chiunque uscirà in strada sarà il solo responsabile di ciò che gli accadrà.»

Ma le persone non obbediscono e cercano di bloccare i carri armati creando barricate e ostacoli; l'esercito non riesce ad avanzare e, alle dieci e mezzo, la situazione precipita.

I soldati mandati dal Partito comunista cinese sparano sulla gente, non è chiaro se come reazione alla morte di alcuni militari o per ordine diretto del governo.

Certo è che l'intervento militare è di terribile brutalità: carri armati e fucili contro la popolazione civile fanno sì che nel centro di Pechino, in poche ore, si scateni una mattanza.

In molti casi sono i guidatori di risciò ad avventurarsi nella piazza, tra i militari, la folla, le pallottole, per trasportare i feriti in ospedale.

Alcune persone riescono a fuggire e scampare alla strage: tra loro c'è anche Cui Jian, che si rifugia lontano dalla capitale per evitare l'arresto.

I soldati avanzano seminando morti sulle strade e, infine, circondano piazza Tienanmen.

I manifestanti votano la resa, eppure vengono ancora bersagliati, secondo alcune testimonianze, dai colpi delle armi d'assalto.

I giornalisti racconteranno di «fuoco indiscriminato» contro la popolazione, di enormi numeri di morti e feriti, di persone in fuga schiacciate dai carri armati o colpite alle spalle.

Il 5 giugno i manifestanti, in particolare i parenti delle vittime, cercano di riprendere la piazza, ma di nuovo vengono trucidati in una sorta di barbara esecuzione.

È in questa mattina che – da un chilometro di distanza – il fotografo Jeff Widener immortala un ragazzo con una busta in una mano e la sua giacca nell'altra che si oppone da solo, con il suo corpo esile, al passaggio dei carri armati in una foto che rimarrà per sempre nella storia.

Il 9 giugno Deng Xiaoping riappare in pubblico per la prima volta dal giorno del massacro e piange i militari caduti, uccisi dagli studenti il cui obiettivo sarebbe stato «instaurare una repubblica borghese dipendente dall'Occidente».

Il regime arresta Zhao Ziyang, che aveva tentato un disperato dialogo con i manifestanti, confinandolo ai domiciliari, dove resterà fino alla morte, nel 2005.

Il numero di morti di piazza Tienanmen non sarà mai reso noto.

Il governo parlerà di duecento vittime fra civili e soldati, la CIA ne conterà tra le quattrocento e le ottocento. La croce rossa abbozzerà la tragica stima di duemilaseicento morti e trentamila feriti, senza contare le esecuzioni sommarie avvenute nelle settimane successive nelle località più remote del paese.

Altre stime calcoleranno il totale dei morti sopra i diecimila, ma questo numero, a trent'anni di distanza, è avvolto dal mistero quanto la verità sui fatti di piazza Tienanmen, argomento tabù per la Cina.

Il governo non impedisce manifestazioni per ricordare il 4 giugno 1989, ma ancora oggi limita il più possibile le attività dei partecipanti ed esercita la censura sui mezzi di comunicazione, tanto che in Cina è impossibile cercare sul web contenuti a proposito di Tienanmen o del Tibet: tutti gli articoli che facciano riferimento a manifestazioni contro il governo o che contengano immagini delle proteste sono bloccati da efficientissimi filtri automatici. La Cina traccia ogni utente di internet anche tramite i documenti di identità, per poter individuare più agevolmente chi cerca contenuti "proibiti".

Non essere allineati in questo paese è difficile e pericoloso, perché tanto è complicato formarsi un'opinione che non sia condizionata dal governo quanto è noto che chi dissente può pagare le proprie idee con il carcere o il confino. Per questo molti dissidenti politici cinesi hanno dovuto scegliere l'esilio in Occidente, spesso negli Stati Uniti.

Eppure, in tutto questo, qualcuno, per anni, ha continuato a trovare il coraggio di opporsi.

Cui Jian, il rocker che nel 1989 canta in piazza Tienanmen e che deve fuggire da Pechino per scampare alle rappresaglie, nel 1990 torna a esibirsi in pubblico.

Jian inizia un tour per raccogliere fondi per l'organizzazione dei Giochi asiatici e dunque anche lui sembra cambiato, piegato a servire l'apparato non democratico dello Stato cinese che aveva combattuto solo un anno prima.

Poi un giorno, a metà del tour, Jian sale sul palco per cantare *Un pezzo di stoffa rossa* e di nuovo si mette una benda rossa sugli occhi, un gesto potentissimo di opposizione in quel paese illiberale, dove può lottare solo attraverso la sua arte. Perché se in Cina è necessario soppesare ogni dichiarazione pubblica, la musica sa trovare altri modi per parlare di libertà.

«Qualcuno dice che ci siano significati nascosti, nelle mie canzoni, significati politici. Io non lo voglio dire chiaramente, perché non devo. Ma politica e amore, in qualche modo, sono una cosa sola. Odio e amore. Non puoi vivere senza.»

Le autorità si infuriano e bloccano il tour, cancellando tutte le altre date. Il regime lo costringe a esibirsi per dieci anni lontano da Pechino, in piccoli club. Tutte le volte che Cui Jian chiede l'autorizzazione a suonare nella capitale sembra che sia possibile, che si possa fare, nessuna regola glielo vieta. Poi, però, manca sempre qualcosa: un foglio, un permesso, un visto.

«Ogni anno abbiamo fatto domanda, ogni anno qualcosa è andato storto. Forse non siamo stati banditi, forse è solo che non abbiamo lavorato con la persona o la compagnia giusta» ha spiegato ironico Cui Jian, misurando le parole.

«Ho imparato il gioco. Non voglio dire bugie. Devo essere attento alle parole che scelgo. La paura è stata una parte della cultura di questo paese negli ultimi cinquant'anni, forse negli ultimi duemila. Quando parlano di libertà, quando parlano di politica, le persone hanno paura.»

Nonostante le difficoltà, il suo seguito è diventato enorme e ha abbracciato diverse generazioni. Cui Jian è diventato il musicista rock più celebre della Cina, con una stima di dieci milioni di dischi venduti, una lunga serie di pezzi famosissimi ed esibizioni anche all'estero. Dopo il lunghissimo bando da Pechino, inoltre, nel 2000 ha finalmente ottenuto la possibilità di tornare a esibirsi nella capitale del suo paese, dove aveva suonato l'ultima volta nel 1989.

Ma le sue idee non sono cambiate.

Nel 2014, quando lo hanno invitato a suonare per Capodanno, le autorità cinesi hanno chiesto a Cui Jian di cambiare le parole di *Nothing to My Name*. E allora lui ha scelto di non suonare, dicendo semplicemente: «La potenziale collaborazione non ha funzionato».

Un musicista cinese che rifiuta di esibirsi per la Cina: ditemi voi se vi sembra poco.

Ancora oggi, in ogni concerto di Cui Jian, il pubblico sventola al cielo bende rosse, in ricordo di piazza Tienanmen e dei ragazzi che videro il sogno di una Cina diversa finire schiacciato sotto i cingoli dei carri armati.

Perché si possono controllare le manifestazioni in memoria del 1989, tracciare gli utenti web e inserire tutti i filtri di ricerca possibili, ma la musica di Cui Jian non ha smesso di celebrare la libertà, anno dopo anno, generazione dopo generazione, senza invecchiare mai.

«Non sono il padre del rock cinese, come dicono. Preferisco pensarmi come il figlio.»

9

NO

Storia di Franca Viola

Spesso sentiamo criticare – molto giustamente – quei paesi che prevedono e tutelano con leggi dello Stato condizioni di subordinazione della donna, alimentando enormi ingiustizie contro il genere femminile.

Per esempio in Algeria, Iraq, Kuwait, Libia e Siria, così come nei Territori palestinesi occupati, sono ancora in vigore norme che consentono il perdono, a vari livelli, dei responsabili di violenza sessuale su una donna, a patto che il violentatore poi sposi la sua vittima, riparando al torto compiuto.

Per questo si parla di "matrimonio riparatore".

La Tunisia e la Giordania sono intervenute abrogando questa norma solo di recente, nel 2017: un cambiamento fondamentale che si auspica possa influenzare altre conquiste simili nel mondo islamico.

Eppure – per quanto possa sembrarci strano – anche la cattolicissima Italia è arrivata molto tardi a cancellare questa stessa aberrazione giuridica.

Fino a poche decine di anni fa la legge italiana prevedeva che, in caso di violenza sessuale contro una donna, «il matrimonio, che l'autore del reato contragga con la persona offesa, estingue il reato, anche riguardo a coloro che sono concorsi nel reato medesimo; e, se vi è stata condanna, ne cessano l'esecuzione e gli effetti penali».

In pratica, in Italia un violentatore poteva cancellare sia il crimine sia la possibile condanna sposando la sua vittima. Non solo: se nel commettere il reato aveva avuto dei complici, il matrimonio salvava anche loro.

Questa legge aberrante è cambiata solo grazie al coraggio di una ragazza e della sua famiglia.

Siamo nel 1965: Franca Viola, quindici anni, vive con il padre Bernardo e la mamma Vita ad Alcamo, una cittadina della provincia di Trapani.

Nella realtà rurale della Sicilia degli anni Sessanta il fidanzamento, preludio del matrimonio, passa per forza attraverso l'approvazione dei genitori. Per questo motivo Bernardo Viola e sua moglie Vita acconsentono al fatto che Franca frequenti Filippo Melodia, un ragazzo del paese con cui potrebbe un giorno arrivare alle nozze.

Quando Filippo viene arrestato per furto, però, si rivela appartenente a una famiglia mafiosa.

Bernardo Viola decide che la figlia non può frequentare un criminale e rompe il fidanzamento. Filippo Melodia emigra per due anni a lavorare in Germania e la sua presenza nella vita dei Viola sembra solo un brutto ricordo.

Poi, però, il giovane mafioso torna ad Alcamo e cerca di nuovo Franca, che nel frattempo ha compiuto diciassette anni e ha trovato un altro fidanzato che subito si fa da parte, spaventato da Melodia che vuole riavere la "sua" ragazza.

Sia Franca sia il padre Bernardo si oppongono, e allora Melodia inizia la sua persecuzione. Distrugge il vigneto dei Viola, brucia il casolare accanto alla casa, porta un intero gregge di pecore nell'orto di pomodori di Bernardo in modo che, pascolando, gli animali lo distruggano.

Un giorno lui e i suoi uomini minacciano il padre di Franca con una pistola, dicendogli: «Questa è quella che vi farà saltare la testa».

Bernardo, però, non si piega.

Melodia allora passa a maniere ancora più forti ed elabora un piano brutale per ottenere ciò che vuole, sfruttando i margini che la cultura locale e una legge ingiusta gli concedono.

Il giorno di Santo Stefano del 1965, insieme a dodici uomini armati, fa una spedizione a casa dei Viola: mentre Bernardo è nei campi rapisce Franca e il fratellino di otto anni, Mariano, picchiando la loro madre e distruggendo la casa della famiglia.

La sera la banda rilascia Mariano, ma tiene in ostaggio per giorni Franca, rinchiusa prima in un casolare di campagna, poi nella casa della sorella di Melodia, senza cibo.

L'aguzzino non si limita a questo: insulta e picchia la ragazza e poi, dopo una settimana, la stupra. È sicuro che, a quel punto, né Franca né suo padre oseranno ancora opporsi al matrimonio, perché nessun uomo vorrà in moglie una donna che è stata con un altro.

La violenza sessuale di Melodia non è solo un atto orrido e brutale ma, nella logica perversa del maschilismo, ha anche l'effetto di "marchiare" Franca, disonorandola per sempre.

In un ambiente dalla fortissima connotazione religiosa, dove è consuetudine che una donna debba arrivare casta al matrimonio, la verginità perduta di

Franca la rende indesiderabile per eventuali altri uomini. Non solo: nessuno oserebbe contrariare un mafioso così deciso ad averla.

Melodia gioca la sua partita con la certezza di avere in mano tutte le carte vincenti.

Sicuro del successo del suo piano, il giorno di Capodanno del 1966, manda i suoi parenti a casa di Bernardo Viola per spiegargli che la ragazza è con Filippo e ormai "sono stati insieme", Franca non è più vergine. A questo punto è chiaro che Filippo Melodia e Bernardo Viola devono solo incontrarsi e trovare l'accordo per quel matrimonio che risolverà tutto.

La "paciata", si chiama in dialetto. La pace tra le famiglie.

«Va bene, così sia. Nel frattempo ditegli che la tenga con lui» risponde Bernardo, d'accordo con la moglie Vita.

I Viola hanno deciso di fare la cosa migliore.

Per questo stanno mentendo a Melodia.

La famiglia non si piega alla violenza della minaccia e avvisa la polizia che, nel giro di poche ore, irrompe nel casolare dove è prigioniera Franca e la libera dopo otto giorni di sequestro, arrestando Melodia e i suoi complici.

Eppure non è finita.

Nonostante tutto, anche adesso che Melodia è in arresto, rimane in piedi la possibilità del matrimonio riparatore: se Franca decidesse di sposare il suo violentatore, il reato si estinguerebbe automaticamente e non inizierebbe alcun processo né contro Melodia né contro i suoi complici.

Tutto cancellato.

Sarebbe la cosa giusta da fare, secondo la logica di molti, in paese, visto che Franca ormai è stata "disonorata" e nessuno la vorrà più prendere in moglie.

Il peso della minaccia mafiosa, la cultura ultrareligiosa e retrograda, una legge arcaica e ingiusta che tollera l'impunità di un criminale: tutto questo fa sì che il matrimonio riparatore possa salvare non solo il criminale Melodia, ma anche la reputazione e il futuro di Franca.

Bernardo Viola lo sa. È consapevole che un ulteriore rifiuto potrebbe costare a sua figlia una vita da emarginata.

«Vuoi sposarlo e sistemare tutto?» chiede ancora a Franca, quando la riporta a casa.

«No.»

«E allora farò tutto il possibile per aiutarti.»

Come ha raccontato lei stessa: «C'era la paura che dopo il rapimento e la violenza fossi disonorata e quindi destinata a rimanere zitella per tutta la

vita. Ma non me ne fregava niente, avrei preferito mille volte vivere da nubile a casa dei miei genitori piuttosto che sposare un uomo che mi ispirava brutti sentimenti».

Il reato, dunque, non viene cancellato e Franca è chiamata a testimoniare nel processo contro Melodia, dove il suo persecutore insiste a raccontare bugie, a dire che la ragazza lo ha seguito di sua volontà, che non c'è stata violenza, ma solo un rapporto consenziente.

Un genere di dichiarazione che ancora oggi molti stupratori utilizzano per difendersi nei processi a loro carico.

La scelta di Franca è difficile e coraggiosa, il prezzo da pagare alto: l'attenzione costante dei giornali che raccontano dettagli intimi della sua vita, l'ostilità della sua cittadina, il clima di paura e minaccia mafiosa che costringe la polizia a stazionare fuori dalla casa dei Viola, la certezza per suo padre Bernardo di essere isolato e di fare fatica a lavorare, l'angoscia per la ragazza di essere giudicata, emarginata, guardata con disprezzo, se non con odio.

Lei, però, non pensa mai di ritrattare la sua deposizione: «Io non sono proprietà di nessuno, nessuno può costringermi ad amare una persona che non rispetto, l'onore lo perde chi le fa certe cose, non chi le subisce».

Al termine del processo il giudice condanna a undici anni di prigione Melodia e ad altre pene i suoi complici.

Se anche la pena inflitta è inferiore a quella che l'accusa si aspettava per Melodia, la vicenda di Franca e la sua risonanza mediatica scuotono profondamente il paese.

«Di esemplare resta il comportamento della ragazza, non il verdetto» scrive il «Corriere della Sera».

Il ritorno in paese non è facile.

Tutti sanno cosa è accaduto, tutti conoscono la storia di Franca. E tutti temono che chiunque la sposi rischi di essere ammazzato per vendetta dai complici mafiosi di Melodia.

Per questo, quando un amico d'infanzia del paese che si chiama Giuseppe Ruisi le chiede di sposarlo, Franca prova a dissuaderlo, visto che Melodia lo ha già minacciato.

«Meglio vivere dieci anni con te che tutta la vita con un'altra» le risponde sicuro lui.

Un anno dopo la fine del processo Franca e Giuseppe si sposano e, durante la luna di miele, vengono ricevuti da papa Paolo VI.

Hanno avuto due figli e sono tornati a vivere ad Alcamo dopo un periodo fuori dalla cittadina. Il loro è stato un matrimonio lunghissimo e di grande amore.

La vita di Melodia, invece, si è conclusa con la violenza che l'aveva segnata per anni: il persecutore di Franca, una volta uscito dal carcere, è morto in un agguato mafioso nel nord Italia.

«Oggi consiglio ai giovani di seguire i loro sentimenti; non è difficile» ha detto Franca in un'intervista. «Io l'ho fatto in una Sicilia molto diversa; loro possono farlo guardando semplicemente nei loro cuori.»

La vicenda di Franca Viola, del suo coraggio e di quello della sua famiglia, diventata all'epoca un caso da prima pagina su molti giornali, ha contribuito ad aprire la discussione sui diritti della donna nel matrimonio e ha ispirato tante altre ragazze a resistere alle violenze protette dalla cultura patriarcale o dalla legge.

Finalmente, nel 1981, lo Stato italiano ha abrogato la norma che tollerava il matrimonio riparatore.

L'8 marzo 2014, nel giorno della Festa della donna, il presidente della Repubblica Napolitano ha insignito Franca Viola del titolo di Grande Ufficiale al Merito della Repubblica Italiana.

Come molte persone che, nel corso della loro vita, hanno compiuto scelte eroiche, Franca – che ha sempre parlato poco della sua famosissima storia – racconta in modo semplice quella scelta.

«Ho fatto la cosa più normale del mondo. Rifiutare di sposare un uomo che non amavo e nei cui confronti avevo un grande risentimento per le violenze che mi aveva inferto, le sembra così eroico?»

In effetti sì, signora Franca, a noi sembra eroico.

10

UN GIORNO SAREMO LIBERI

Storia di Ken Saro-Wiwa

A volte le parole possono spaventare più delle armi.

Le parole spaventano i regimi, che non vogliono sentir raccontare le loro aberrazioni.

Le parole spaventano i dittatori, che non sopportano di essere descritti per ciò che sono.

Le parole spaventano i corrotti, che non vogliono essere denunciati.

Le parole spaventano le multinazionali più spregiudicate, che preferiscono violare ogni regola col favore del silenzio.

Per questo Ken Saro-Wiwa è un uomo molto temuto. Perché è un uomo di parole nella Nigeria lacerata dalla guerra civile (un milione di morti tra il 1967 e il 1970) e in cui duecentocinquanta tribù differenti convivono con enorme fatica.

Saro-Wiwa è un funzionario dello Stato nigeriano di Rivers, sul delta del Niger, e parla un linguaggio che non piace, perché con parole più appuntite delle armi denuncia la corruzione che sconvolge il paese dopo la guerra. La corruzione è uno dei drammi della Nigeria, uno Stato dal territorio gigantesco e molto popoloso in cui pochissimi miliardari detengono potere e ricchezza quasi sempre grazie all'appoggio del governo compiacente e sfruttando la principale risorsa della natura: il petrolio.

Ken, del resto, con le parole è cresciuto. È stato un ottimo studente all'università, ha vinto borse di studio in storia e in inglese, ha insegnato, ha lavorato per una compagnia di teatro.

All'inizio non riesce a vivere con le sole parole, allora apre un negozio di alimentari e crea una piccola azienda a base semifamiliare, la Saros International, che si occupa di import-export.

Ken non diventa ricco, però usa la Saros per finanziare la pubblicazione dei suoi primi libri e soprattutto per lavorare a una sitcom televisiva che guadagnerà un enorme, imprevisto successo.

Basi and Company diventa, tra il 1985 e il 1990, uno dei programmi comici più visti della storia africana con picchi giornalieri di trenta milioni di spettatori, un numero pazzesco, anche se Ken non ci guadagna nulla perché non c'è pubblicità. Nessun produttore vuole comprare spazi in un telefilm che denuncia, tra una battuta e l'altra, la dilagante corruzione e la brama di arricchirsi dei potenti della Nigeria.

Nello stesso periodo pubblica un libro, anche questo di grande successo. Si chiama *Sozaboy* e racconta, in forma di romanzo, la guerra del Biafra, il conflitto civile del 1967-70. Ma Ken si cimenta anche nella poesia e nella narrativa per ragazzi, convinto che la parola sia lo strumento per cambiare il mondo. «Uno scrittore non può essere un semplice narratore di storie, non può essere un semplice insegnante, non può semplicemente radiografare le debolezze della sua società, i suoi malanni e i suoi pericoli, deve essere attivamente coinvolto nel dare forma al presente e al futuro della società.»

Ken Saro-Wiwa decide di combattere una battaglia, più di tutte. È quella che riguarda il suo popolo, gli Ogoni, mezzo milione di persone che da sempre vivono intorno al delta del fiume Niger: abitano un territorio ricchissimo di petrolio eppure sono sempre, inesorabilmente, ridotti alla fame.

La popolazione locale beneficia solo dell'1,5 per cento del totale dei ricavi della produzione.

Dal petrolio gli Ogoni non traggono vantaggi: non arrivano soldi, non vengono create scuole, non nascono posti di lavoro, i ricavi finiscono nelle tasche di pochissimi. Gli Ogoni, dal petrolio, ottengono solo devastazione dell'ambiente. Il governo nigeriano ha nazionalizzato le risorse naturali, ma non è in grado di sfruttarle autonomamente, così si affida, indebitandosi, alle infrastrutture e al lavoro forniti da compagnie estere come l'olandese Shell, che diventa l'obiettivo degli attacchi di Ken Saro-Wiwa.

Il più lampante paradosso di questa situazione è che la Nigeria estrae il petrolio, ma non ha raffinerie per lavorarlo e trasformarlo, così si trova a dover importare dall'estero la benzina.

La Shell, che in altre parti del mondo tratta con le realtà locali e adotta politiche in apparenza attente all'ambiente, in Africa si comporta in modo selvaggio spolpando le risorse del territorio con il supporto del governo. Il petrolio riversato in mare danneggia la pesca costiera, l'estrazione uccide le piante e compromette le foreste equatoriali, gli scarichi delle raffinerie causano malattie. È un vero cataclisma.

Ken Saro-Wiwa si fa voce di questa protesta, in cui tenta di coinvolgere anche grandi organizzazioni come Greenpeace e Amnesty International, all'inizio senza successo.

Per Greenpeace è necessario che prima l'istanza venga dalle popolazioni locali e Amnesty International può intervenire solo nel caso in cui si possano dimostrare chiare violazioni dei diritti umani.

Ken allora cerca di rendere la sua battaglia ancora più visibile e concreta: fonda un movimento pacifico per la sopravvivenza del popolo Ogoni chiamato MOSOP, che denuncia i comportamenti del governo e della Shell e cerca di tutelare la lingua, la libertà di culto, i diritti della comunità Ogoni e le sue terre divorate dall'industria del petrolio.

«Io sono un uomo di pace, di idee. Provo sgomento per la vergognosa povertà del mio popolo che vive su una terra molto generosa di risorse; provo rabbia per la devastazione di questa terra; ho fretta di ottenere che il mio popolo riconquisti il suo diritto alla vita, e a una vita decente.»

Celebre per la pipa che lo accompagna sempre, Ken scrive articoli, tiene comizi, divulga le sue parole sino al clamoroso successo del 4 gennaio del 1993, quando arriva a portare in piazza oltre la metà degli Ogoni: trecentomila persone che manifestano pacificamente per i diritti del loro popolo sfruttato. Ken dichiara che la Shell è una compagnia «non gradita agli Ogoni».

Le sue parole sono riuscite a creare una mobilitazione di cui si parla in tutto il mondo, impedendo che il governo e la Shell continuino ad agire nel silenzio generale.

La manifestazione riesce a coinvolgere nella battaglia Greenpeace che, di fronte alle proteste di un intero popolo, decide di sostenere a livello internazionale le istanze del MOSOP.

Presto, però, anche Amnesty International deve schierarsi: quando la Shell si ferma, sospendendo temporaneamente le attività in Nigeria, il governo s'infuria e scatena rappresaglie e violenze nei villaggi degli Ogoni; lo stesso Ken Saro-Wiwa viene più volte arrestato.

La sola speranza di cambiamento sta nelle elezioni del 1994, che dovrebbero portare la democrazia in Nigeria, ma è una speranza vana. Alla fine del 1993, con un colpo di mano, il feroce ministro della Difesa Sani Abacha riesce a salire al potere, scioglie le istituzioni democratiche e negli incarichi di governo sostituisce i politici eletti con ufficiali militari.

Abacha incontra i vertici della Shell per farne riprendere la produzione. Per il dittatore nigeriano il ribelle Saro-Wiwa è un doppio obiettivo perché nelle strade chiede diritti e tutela per gli Ogoni e perché le sue proteste – che costringono a fermare l'estrazione di petrolio – danneggiano il regime.

Bisogna fermare Ken Saro-Wiwa, ma per colpirlo serve un pretesto e Abacha lo trova nel giugno del 1994, quando, nei territori Ogoni, vengono uccisi in un assalto armato alcuni capi tribù vicini al governo. Due testimoni corrotti indicano come responsabili dell'attacco il MOSOP e Ken Saro-Wiwa, nonostante quel giorno lui fosse lontanissimo da lì, a Lagos. La strage, quasi certamente, è stata messa in atto dai servizi segreti di Abacha stesso, ma diventa l'occasione per screditare e accusare Ken, che subisce una lunga serie di arresti, scarcerazioni e detenzioni durissime.

Molti accuseranno negli anni la Shell di aver fornito supporto alla persecuzione di Abacha. Secondo l'avvocato della famiglia Wiwa, nel momento in cui i testimoni che accusano Ken vengono corrotti sono presenti alcuni impiegati della compagnia. E un manager contatta il fratello di Ken, Owens, per dirgli che se la smettono con la loro campagna, la Shell può "fare qualcosa" per aiutare Ken Saro-Wiwa.

Ma la lotta del leader Ogoni continua.

In carcere, Saro-Wiwa scrive e racconta la sua prigionia nel libro dal titolo terribile e premonitore: *Un mese e un giorno. Storia del mio assassinio.*

Per lui si muovono molti intellettuali, persino Nelson Mandela prova a mediare con Abacha, e il figlio di Saro-Wiwa, Ken Junior, cerca di convincere i leader politici del Commonwealth a schierarsi contro la dittatura del ministro della Difesa, ma alla fine nessuno ha il coraggio di assumere una posizione ostile al regime.

Le dichiarazioni di fuoco arriveranno, ma arriveranno tardi.

Il processo contro Ken Saro-Wiwa e otto attivisti del MOSOP è una lunga farsa in cui gli imputati vengono accusati di reati che non hanno commesso e progressivamente privati di tutti i diritti difensivi, al punto che per protesta i loro avvocati si dimettono, visto che non hanno modo di difenderli.

Di fatto non esistono prove concrete contro Ken e il MOSOP, eppure, il 31 ottobre 1985, il processo si conclude con la condanna a morte di tutti gli accusati.

«Oggi è un giorno nero per il popolo nero» dichiara Ken con drammatica ironia.

Nonostante tutto si continua a pensare che Abacha non andrà sino in fondo e non farà eseguire la condanna, anche perché c'è ancora tempo per ricorrere in appello.

Invece, il 10 novembre 1995, alle undici e mezzo, mentre tutta la Nigeria è distratta dal ritorno in campo della fortissima nazionale di George Finidi e Sunday Oliseh ammirata ai Mondiali di calcio del 1994,

Ken Saro-Wiwa viene portato fuori dalla cella verso un altro campo, dove è stata preparata la sua forca.

Prima lo costringono ad assistere all'impiccagione degli otto attivisti processati con lui, quindi gli mettono la corda al collo. Ma i boia non sono abbastanza bravi, oppure sono stanchi, o forse sono consapevoli persino loro dell'orrore ingiusto che stanno compiendo e legano male la corda.

Per quattro volte aprono invano la botola, senza riuscire a rompere il collo del condannato.

«Perché mi fate questo?» ha tempo di chiedere Ken Saro-Wiwa ai suoi carnefici.

Già, perché?

Per le sue parole.

Al quinto tentativo Ken Saro-Wiwa muore.

Dopo il decesso versano acido sul suo corpo per impedirne il riconoscimento e lo buttano in una fossa comune.

Anche quando la dittatura di Abacha crolla, la famiglia Saro-Wiwa non riesce a ottenere il corpo di Ken, ma decide di celebrarne lo stesso il funerale.

Nella bara c'è la sua pipa insieme ai suoi libri.

Soltanto nel 2005 i figli di Ken riusciranno a ricomporre le spoglie identificate del padre e a seppellirle nel suo villaggio.

Nel 1996 la famiglia ha avviato un'azione legale

negli Stati Uniti per citare in giudizio la compagnia Shell per le sue violazioni dei diritti umani in Nigeria.

La legge americana, infatti, permette ai cittadini stranieri di chiedere un processo per violazioni internazionali dei diritti umani e tutela contro le torture, anche quando questi crimini sono commessi al di fuori degli Stati Uniti.

Dopo un'estenuante battaglia legale che impegna la famiglia Saro-Wiwa per quattordici anni, il processo viene fissato nel giugno 2009.

A quel punto la Shell, temendo le conseguenze di un dibattito pubblico davanti agli occhi del mondo, deve cedere. Di fatto la compagnia petrolifera patteggia un versamento ai familiari delle vittime di quindici milioni e mezzo di dollari, che giustifica come risarcimento per le spese legali e atto di riconciliazione per le sofferenze inflitte al popolo nigeriano.

La famiglia accetta, ritenendo quella dichiarazione un'ammissione implicita di colpa: «Il fatto che la Shell sia costretta a patteggiare per noi è una chiara vittoria» dichiara Ken Junior.

Ancora oggi, però, la terra degli Ogoni è devastata dallo sfruttamento petrolifero.

Nel 2011 un report scientifico del Programma delle Nazioni Unite per l'ambiente ha certificato che un recupero ambientale del delta del Niger richiederebbe qualcosa come trent'anni di tempo e interventi per un miliardo di dollari, che dovrebbero arrivare proprio dalle compagnie responsabili di quel disastro.

Nel 2019 Esther Kiobel – moglie di Barinem Kiobel, uno degli attivisti uccisi con Ken – ha intentato, insieme ad altre tre vedove, una nuova causa contro la Shell, questa volta in Olanda, dove la compagnia ha sede. Queste donne vogliono dimostrare il ruolo della compagnia nella morte dei loro mariti.

Ecco perché le parole che Ken pronunciò prima di morire risuonano forti ancora oggi: «Sono stato un uomo con delle idee, delle buone idee. E se io oggi vengo ucciso le mie idee vivranno per sempre e il popolo Ogoni, in nome del quale io sto per morire, un giorno si libererà dell'oppressione. Il signore accolga la mia anima, ma la lotta continua».

Il 4 gennaio, anniversario della grande manifestazione con cui Ken Saro-Wiwa è riuscito a dar voce alla sua gente, è oggi festa nazionale del popolo Ogoni.

11

TUTTI FIGLI MIEI

Storia di Mother Jones

«Di pari passo con la crescita delle fabbriche e l'espansione delle ferrovie, con l'accumulazione del capitale e la crescita delle banche, venne la legislazione contro i lavoratori.

«Vennero gli scioperi.

«Venne la violenza.

«Venne la convinzione nei cuori e nelle menti dei lavoratori che le leggi sono fatte a favore degli industriali.»

Quando nasce nel 1837, figlia di contadini poveri, nella lontanissima Irlanda e poi emigra in Canada, dove il padre cerca fortuna come operaio delle ferrovie, Mary Harris Jones non immagina il percorso di vita che la condurrà a pronunciare queste parole e diventare "la donna più pericolosa d'America".

Mary studia per fare la maestra elementare, ma lascia l'insegnamento per aprire una sartoria a Chicago.

«Preferivo cucire che dare ordini a dei bambini piccoli» dirà.

Lei di bambini, con suo marito George Jones, operaio metalmeccanico, ne ha quattro.

La sua vita di mamma, moglie e lavoratrice sembra scritta, ma una tragedia la stravolge nel 1867, quando un'epidemia di febbre gialla colpisce e uccide suo marito George.

E non solo lui.

«Uno dopo l'altro i miei quattro bambini si sono ammalati e sono morti. Sono rimasta seduta per notti intere di dolore. Nessuno è venuto da me. Nessuno poteva venire.»

Unica della famiglia a sopravvivere miracolosamente alla malattia, Mary decide che porterà sempre e solo abiti di colore nero, per onorare il suo lutto: eppure questa donna incredibile, benché colpita da una disgrazia enorme, non si allontana dalla vita, anzi, va avanti e ricomincia a Chicago con un'altra sartoria.

Che siano il dolore e il senso di ingiustizia che prova a seguito della perdita, che siano la sua condizione di lavoratrice sola, la formazione sindacale del marito o la sua storia personale, Mary inizia a percepire sempre più forte l'ingiustizia del mondo che la circonda. Dalle case sul lago Michigan, in cui cuce abiti per famiglie danarose, vede «i poveri, disoccupati e affamati, camminare rabbrividendo dal freddo sul lungolago congelato. Il contrasto della loro condizione con le comodità godute dalla gente per la quale cucivo mi era molto doloroso».

La sfortuna, però, si accanisce di nuovo su Mary e il grande incendio di Chicago del 1871 distrugge anche la sua nuova sartoria.

A questo punto, costretta ancora una volta a ricominciare, decide di impegnarsi per ciò che davvero desidera: la giustizia.

Si iscrive ai Knights of Labour ("I cavalieri del lavoro"), un'organizzazione di lavoratori fondata nel 1869 a Filadelfia che per alcuni anni rimane segreta e accoglie anche donne e persone nere.

Qui Mary inizia a focalizzare il suo interesse sui lavoratori poverissimi, sugli orari di lavoro ingiusti, sulla mancanza di assicurazioni per la perdita di impiego, sulla tutela della salute nella vecchiaia, sullo sfruttamento dei lavoratori immigrati, fra cui tanti italiani, perché il lavoro sottopagato danneggia tutti, americani e stranieri.

Mary diventa animatrice di scioperi e proteste che spesso si risolvono tragicamente perché i proprietari delle miniere assoldano milizie private per reprimerli o sabotarli con la violenza.

Mary si occupa anche del lavoro minorile nelle fabbriche, nei mulini, nelle miniere. Negli Stati Uniti, in quel momento, ben il 17 per cento dei ragazzi sotto i sedici anni lavora in condizioni orribili, che lei vede coi suoi occhi di sindacalista.

«Bambine e bambini, a piedi nudi, andavano e venivano tra interminabili fila di fusi, avvicinando alle macchine le manine scarne per riannodare i fili spezzati. Si rannicchiavano sotto le macchine per oliarle. Giorno e notte, notte e giorno, cambiavano i fusi. Bambini di sei anni dal volto di vecchi di sessanta, lavoravano otto ore al giorno per dieci centesimi. Quando si addormentavano, venivano risvegliati con acqua fredda in faccia.»

I giornalisti, però, non vogliono parlarne.

«Ho chiesto loro perché non hanno pubblicato le notizie sul lavoro minorile in Pennsylvania. Mi hanno detto che non possono, perché i proprietari delle fabbriche hanno delle quote nei giornali. Bene, io ho delle quote nelle vite di questi piccoli bambini e darò loro un po' di visibilità.»

Per farlo, nel luglio del 1903 Mary organizza una marcia di bambini-operai delle fabbriche e delle miniere di Kensington, in Pennsylvania, un viaggio di tre settimane lungo le quasi cento miglia che li dividono da Oyster Bay, dove vive il presidente Roosevelt, per denunciare la disumanità della loro condizione, attirare l'attenzione mediatica, raccogliere fondi.

I bambini hanno cartelli in mano e gridano frasi come «Vogliamo giocare!» e «Vogliamo andare a scuola!».

Mary non ottiene udienza dal presidente e i giornali non scrivono delle manifestazioni; tuttavia, grazie al clamore che ha creato e alle migliaia di persone incontrate lungo la strada, le notizie si spargono ugualmente e la politica americana deve iniziare a interrogarsi sul tema del lavoro minorile.

L'attenzione di Mary nei confronti dei bambini e anche il suo modo di trattare i lavoratori delle miniere come tanti figli le valgono il soprannome con cui passerà alla storia, "Mother Jones". Il rapporto più forte lo stringe con i minatori, che sono i più oppressi fra gli oppressi, sottopagati, soggetti a rischi altissimi di morte e malattie.

Mother Jones sostiene l'importanza della lotta sindacale per tutelare i diritti del lavoro.

WE
nly ask for
Justi
WE
ant to

«Ci sono due soli sindacati, in questo paese. Il sindacato del capitale e il sindacato del lavoro. Di quale volete far parte? Non avete i soldi per stare coi capitalisti, dunque è meglio che facciate parte della massa di gente onesta.»

Per Mother Jones i lavoratori devono diventare padroni del loro destino e possono riuscirci solo con un'unità interna che non penalizzi afroamericani e stranieri, superando le distinzioni etniche.

Un giorno, quando una donna nera, colpita dal modo in cui Mother Jones sostiene la sua causa, chiede di poterle baciare la gonna in segno di gratitudine, lei la invita a non chinarsi, dicendo: «Non baciarmi nella polvere, sorella, ma qui sul petto, cuore contro cuore».

Nel 1912 Mary è protagonista, in West Virginia, del tragico sciopero di Paint e Cabin Creek, che dura oltre un anno e causa una perdita economica di circa cento milioni di dollari e, soprattutto, cinquanta morti violente, senza contare i minatori uccisi dalla denutrizione e dalla fame.

In questa protesta i lavoratori delle miniere chiedono diritti sindacali e uguaglianza di stipendio rispetto ai minatori di altre zone, ma la risposta dei padroni delle miniere è assoldare militari per rompere lo sciopero e cacciarli dalle loro case costringendoli ad accamparsi in tende, in un crescendo di violenze e disperazione. Mother Jones non solo parla ai minatori, ma va di persona nei campi tendati, diventa un punto di riferimento delle loro vite.

Il conflitto arriva al punto che le milizie dei proprietari delle miniere usano treni sui quali hanno montato armi automatiche e i minatori rispondono al fuoco con i fucili. In tutto questo, rischiando la sua stessa vita, Mary viene arrestata e portata a processo per aver incitato alla rivolta e, persino, con l'accusa di cospirazione per omicidio. Mary rifiuta ogni forma possibile di pentimento; nonostante la sua celebrità e i suoi settantacinque anni di età, viene condannata a vent'anni di prigione, e intanto si ammala di una grave patologia polmonare.

Per fortuna il cambio di governatore nella regione le permette di ottenere gli arresti domiciliari. Mother Jones riesce a mandare una lettera segreta al senatore John Worth Kern, sensibile ai problemi del lavoro, che si adopera per farla liberare e far aprire un'inchiesta sulle drammatiche condizioni di lavoro dei minatori che si allarga a più Stati del paese.

L'età e le condizioni di salute farebbero pensare che questa donna sia pronta a ritirarsi, ma non va così, perché le proteste si spostano in Colorado, dove il tasso di incidenti mortali sul lavoro è altissimo e i minatori denunciano di essere trattati peggio dei muli che le compagnie usano per i trasporti nelle miniere.

Gli scioperi vedono protagonisti molti lavoratori poverissimi italiani, greci, slavi, messicani che, anche in questo caso, vengono cacciati dalle loro case e finiscono a sopravvivere in accampamenti dalle condizioni disumane.

A Ludlow, alle dieci del mattino del 20 aprile 1914, giorno in cui i minatori festeggiano la Pasqua greco-ortodossa, una milizia privata circonda il loro accampamento e inizia a sparare colpi di mitra. I minatori reagiscono, ma finiscono le munizioni e la milizia entra nel campo, uccidendo i capi della protesta per poi incendiare le tende.

Tra la sparatoria e il rogo muoiono venticinque persone, di cui undici bambini, molti italiani.

Mother Jones, a questo punto, tenta una prima volta di incontrare John Rockefeller Junior, uno dei più potenti proprietari di miniere del Colorado, ma viene allontanata dal suo palazzo.

Lei insiste, attaccando pubblicamente Rockefeller e continuando a chiedere di parlargli. Visto che i giornali ne scrivono, la definiscono un'"eroina popolare" e la "donna più nota d'America", alla fine Rockefeller è costretto a riceverla.

Il risultato è stupefacente.

«Lui credeva che fossi una sorta di *freak*, sino a quando non mi ha sentita parlare. Gli ho detto molte cose che non aveva mai saputo prima.»

Ed è proprio così che va: che sia per convenienza o per sincerità, il miliardario Rockefeller, uomo influentissimo nel paese, si dice colpito dall'incontro e spende parole che nessuno si sarebbe aspettato per la leader delle rivendicazioni operaie.

«Ho scoperto che la sua mente è notevolmente lucida» dice Rockefeller al termine dell'incontro. «Lei sa molte cose circa problemi che io non conosco. Le ho detto che ho compreso che è mio compito come direttore della compagnia di saperne di più. Ho creduto per principio che le cose di cui si lamentava fossero sbagliate. Ovviamente dovrebbero esserci libertà di parola e di riunione, negozi indipendenti e scuole pubbliche, nelle miniere. Ho scoperto che in tutto ciò che conta eravamo d'accordo.»

Mother Jones continua a lottare, pagando in prima persona le conseguenze con ripetute inchieste, cause intentate contro di lei dai giornali e minacce fisiche.

Nel 1925 entrano in casa sua due malviventi che in realtà non sono ladri, ma criminali mandati da un affarista nemico di Mother Jones.

Però lei, che ha ottantotto anni, imbraccia il fucile e ne uccide uno, costringendo l'altro alla fuga.

Mary Harris Jones muore vecchissima, a novantatré anni, nel Maryland. Come dice alla folla il sacerdote incaricato della sua orazione funebre: «I benestanti proprietari di miniere e capitalisti in tutti gli Stati Uniti oggi sospirano di sollievo, mentre gli uomini e le donne di fatica piangono aspre lacrime di tristezza.

«Mother Jones è morta.

«Per molti americani ha rappresentato l'umanità nella sua più alta espressione. Armata solo dell'amore appassionato di una madre, di una lingua fiammeggiante e uno spirito indomabile, si è battuta per convincere un mondo freddo e bramoso di denaro del bisogno di giustizia, di compassione, di amore».

Mary viene sepolta nel cimitero di Mount Olive accanto ai minatori uccisi nel massacro di Virden del 1898, quelli che chiamava "i miei ragazzi".

Due anni dopo, nel 1932, al termine di una nuova serie di proteste, quindicimila lavoratori delle miniere dell'Illinois con i loro risparmi fanno realizzare un gigantesco basamento in granito rosa con due minatori accanto a una stele su cui è raffigurata l'immagine di una donna: Mother Jones.

L'11 ottobre 1936, giorno della festa dei minatori,

oltre cinquantamila persone raggiungono il cimitero per ammirare il monumento, dando inizio a quella celebrazione annuale che sarà il Mother Jones's Day.

Ancora oggi le sue spoglie riposano nel cimitero di Mount Olive, anche se è bello immaginarla in quel posto irraggiungibile di cui parlò durante un'intervista, quando le chiesero: «Lei dove vive, Mother Jones?».

«Ovunque ci sia da lottare.»

12

TUNNEL 29

Storia di Mimmo Sesta, Luigi Spina, Ellen Schau

Per chi è nato in questo nuovo secolo o alla fine dello scorso, esiste una sola Germania, con capitale Berlino, un unico paese che raccoglie tutti i cittadini tedeschi.

Non è stato così durante la gran parte del 1900.

Al termine della Seconda guerra mondiale, con la morte di Adolf Hitler e la cattura o l'esecuzione di tutti i suoi gerarchi, i paesi vincitori costringono la Germania a dividersi in due Stati separati. Nella parte Ovest nasce la Repubblica Federale Tedesca, sotto la sfera d'influenza dei paesi occidentali. Nella parte Est, invece, si trova la Repubblica Democratica Tedesca o DDR, uno Stato socialista sotto l'egida dell'Unione Sovietica.

Nella DDR l'economia comunista a modello sovietico viene pianificata dallo Stato, che garantisce i servizi fondamentali quali scuole, ospedali e case popolari. Ma, a differenza di quanto succede nella Germania Ovest, senza il mercato libero la Germania Est non riesce a riprendersi dalle conseguenze della guerra. Inoltre, qui mancano le più elementari libertà civili e di espressione e l'ossessione del controllo da parte della polizia tocca livelli mai raggiunti.

Una volta presa la decisione di dividere la Germania, diventa necessario creare anche due capitali diverse: Bonn per la Germania Ovest, Berlino per la Germania Est.

Quest'ultima, però, è una città fortemente simbolica per la sua rilevanza storica e allora gli Alleati impongono una divisione nella divisione: l'ex capitale del Reich nazista è suddivisa in quattro settori controllati da URSS, Stati Uniti, Regno Unito e Francia.

Nei primi anni la circolazione dei berlinesi nelle zone è libera, poi le tensioni aumentano e, nel 1952, viene creato un confine tra Est e Ovest, ma è ancora relativamente aperto, tanto che due milioni e mezzo di tedeschi passano dall'uno all'altro. Sono soprattutto lavoratori specializzati e disertori.

Nel 1961 si costruisce infine un muro vero e proprio che divide la città in due parti: Berlino Ovest e Berlino Est.

In realtà il Muro è una fortificazione composta di due cerchie murarie di lastre di cemento armato alte tre metri e mezzo, che viene progressivamente migliorata e rinforzata sino a raggiungere la lunghezza di centocinquantacinque chilometri.

Fra i due muri c'è uno spazio sorvegliato dai militari e soprannominato "Striscia della morte" perché è in questa zona che vengono ferite o uccise quasi tutte le persone che tentano di superare il Muro. Nella Striscia della morte, vigilata da guardie con i cani, ci sono recinzioni, fossati anticarro, oltre trecento torri di guardia con cecchini armati, venti bunker e una strada illuminata per il pattugliamento lunga centosettantasette chilometri.

Negli anni si conteranno oltre cinquemila tentativi di fuga riusciti da Berlino Est, ma anche tanti fallimenti, con un numero di vittime stimato tra duecento e duecentocinquanta, oltre a moltissimi feriti, visto che l'ordine per i guardiani della frontiera è sparare non per uccidere, ma per fermare i fuggiaschi e catturarli.

Tantissime persone vengono arrestate prima e durante l'evasione, e sono incarcerate, rieducate, torturate dagli uomini del Ministerium für Staatssicherheit, il ministero per la Sicurezza dello Stato. Migliaia di agenti e informatori compongono questa polizia segreta efficientissima che verrà ricordata con il celebre e sinistro nome di "Stasi".

Il Muro è da poco ultimato quando c'è un tentativo di fuga che passa alla storia.

Peter Fechter, diciotto anni appena, nel 1962 decide di scappare a Ovest insieme all'amico Helmut Kulbeik.

Superano il primo muro calandosi da un palazzo dritti nella Striscia della morte, poi raggiungono il secondo e ultimo muro.

Helmut scavalca, Peter viene colpito al bacino mentre tenta la scalata e cade all'indietro, finendo dentro la Striscia della morte.

Peter Fechter rimane lì a terra, ferito. Urla e chiede aiuto, ma lo lasciano lì in agonia, senza dargli soccorso.

I soldati della DDR dichiareranno in seguito di non averlo aiutato per non rischiare di finire sotto il fuoco dei militari occidentali, eppure, quando Peter infine muore, vanno tranquillamente a recuperarne il corpo senza vita.

Questo episodio tragico dà la spinta decisiva a Mimmo Sesta e Luigi Spina, due ragazzi italiani che studiano ingegneria civile a Berlino. «Non eravamo arrabbiati, eravamo disgustati e tristi allo stesso tempo. Tutti gli studenti hanno ripetuto la frase: dobbiamo fare qualcosa, dobbiamo fare qualcosa!» racconterà, anni dopo, la tedesca Ellen Schau, a quel tempo fidanzata di Mimmo.

Ma se, per molti ragazzi, quel "dobbiamo fare qualcosa" è solo un proposito, per i due ragazzi italiani diventa un obiettivo.

Sono due tipi molto diversi: Gigi è friulano, alto e smilzo; Mimmo, invece, è di origine pugliese, basso, robusto, forte. Si sono conosciuti alle superiori, a Gorizia, poi Mimmo ha seguito Gigi a studiare in Germania. Sono legati da un'amicizia fraterna e vivono nella parte Ovest di Berlino, mentre il loro grande amico e compagno di studi, Peter Schmidt, è rimasto insieme a madre, moglie e figlia a Est.

Se Mimmo e Luigi riescono a muoversi con una certa libertà grazie al loro passaporto italiano, per Peter, che è tedesco dell'Est, non è possibile lasciare la sua parte di città ed entrare a Berlino Ovest.

Quando va a trovare Peter, Mimmo non sopporta di vedere il dolore dell'amico e gli promette di aiutarlo, anche se non sa come.

In quel momento, si sparge a Berlino la notizia che la Stasi ha scoperto un tunnel sotterraneo scavato per far arrivare a Est alcune spie americane. In realtà scavi di questo genere sono complicatissimi per via del fiume Sprea e delle falde acquifere che rendono friabile il terreno. Sentendo la notizia, però, Luigi Spina ha un'idea per aiutare Peter a fuggire a Ovest.

«Un tunnel, facciamolo con un tunnel.»

Ci sono altre due persone tra i loro conoscenti che hanno avuto la medesima intuizione.

L'ex nuotatore e dissidente Hasso Herschel, già incarcerato per contestazioni al regime, è intenzionato a portare oltre il Muro sua sorella, mentre il geometra Uli Pfeifer vuole far passare la fidanzata.

Ne parlano, ne discutono con gli italiani.

Ok, un tunnel potrebbe funzionare, ma dove scavarlo?

In Bernauer Strasse, a Ovest, trovano una fabbrica distrutta dalla guerra che ha delle cantine vuote dove potrebbero lasciare i detriti. Il giorno dopo vanno nella zona comunista e individuano un palazzo perfetto per fungere da punto di arrivo per i loro scavi, visto che ha delle cantine sotterranee.

Non hanno materiale da lavoro, allora rubano pale e carriole da un cimitero.

Mimmo e Luigi sono ingegneri e progettisti, Hasso dirige i lavori, Uli elabora le planimetrie.

Vanno in profondità di tre metri, poi scavano in orizzontale, rendendosi presto conto che un tunnel sotterraneo di quella portata non è solo un complicato progetto ingegneristico ma anche un'impresa che richiede materiali e soldi, che Mimmo e Luigi trovano attingendo ai loro fondi ma anche facendosi aiutare dalla madre di Peter.

Il progetto è anche tremendamente impegnativo dal punto di vista fisico, dal momento che, per fare poco rumore e mantenere la massima segretezza, si scava in maniera quasi del tutto manuale.

Mimmo e Luigi si fanno aiutare da altri amici e studenti, fino a mettere insieme un gruppo di quaranta persone che lavorano a turni, trasformando il loro scavo improvvisato in una sorta di miniera con impalcature, una monorotaia, sistemi di areazione, una linea telefonica, travature.

Scavano per settimane fino a che la polizia non li scopre.

Ma non è la Stasi, la polizia dell'Est. Si tratta della polizia di Berlino Ovest, che vuole capire come pensano di fare a portare via persone dalla DDR.

«Voi scavate il tunnel. Ma chi va dall'altra parte ad avvisare la gente?»

«Abbiamo messo su un sistema sicuro» garantiscono Mimmo e Luigi.

I due ragazzi, però, devono fare i conti con il fatto che il lavoro richiede più tempo e soprattutto più

soldi del previsto. Ormai a corto di finanze, hanno un'idea geniale e contattano la televisione americana NBC dopo aver saputo che sta girando un film su un immaginario tunnel di fuga.

«Volete lavorare su un tunnel vero?» chiedono gli italiani, offrendo i diritti giornalistici e televisivi sull'impresa, in cambio del denaro per finire il lavoro.

La NBC accetta.

La notizia arriva anche alla CIA, che la riferisce al presidente Kennedy. Gli americani sono preoccupati che si venga a sapere che i soldi di una televisione statunitense finanziano fughe da Berlino Est e temono di fare infuriare l'Unione Sovietica, il grande alleato della DDR. Così fanno pressioni sulla NBC affinché molli l'idea del documentario, ma la televisione non vuole, il progetto è troppo interessante.

La CIA si deve piegare all'intraprendenza e all'intuizione dei due italiani.

Durante il lavoro il tunnel si allaga, i ragazzi devono drenarlo e perdono due preziosi mesi di tempo. Nel frattempo la Stasi arresta quasi metà delle persone che Mimmo e Luigi avevano contattato per coordinare la fuga da Est, allora i due amici – per non rischiare che la polizia segreta scopra tutto e mandi a monte il piano – accorciano il tunnel a centoventitré metri di lunghezza.

La galleria, però, non basta per far fuggire Peter e gli altri da Est: serve anche ricostruire un sistema di contatti che guidino le persone all'ingresso del buco senza farle scoprire. Mimmo e Luigi hanno bisogno di collaboratori coraggiosi che possano muoversi agevolmente a Est senza destare sospetti, in particolare il ruolo più delicato è quello dell'ultimo dei corrieri, che deve portare i fuggiaschi all'ingresso del tunnel.

Così quando da Düsseldorf, nella Germania Ovest, arriva Ellen, la fidanzata di Mimmo, affidano a lei questo compito.

Ellen in realtà ha un grave problema: è claustrofobica e teme la metropolitana, non ci è mai salita. Ma decide di fare la sua parte per amore di Mimmo e per aiutare le persone in fuga.

Il piano artigianale degli italiani sembra uscito da un film di spionaggio: i fuggiaschi devono raggiungere un determinato posto, ogni gruppo a orari diversi, e in quel posto troveranno una persona che legge un giornale.

Quella persona dirà loro di andare in un'osteria dove arriverà a servirli una ragazza con il rossetto. La ragazza è Ellen, che il 14 settembre 1962 compie gli anni e, invece di festeggiare, si trova per la prima volta nella sua vita a Berlino Est, un pezzo di città che conosce solo attraverso alcune mappe studiate a memoria.

Ellen conduce i fuggiaschi divisi in gruppi davanti a un portone, controllando che nessuno li segua, e indica loro dove devono entrare per raggiungere il tunnel.

I fuggiaschi arrivano vestiti eleganti ed escono dalla galleria sporchi di terra e fango dalla testa ai piedi. Quando sbucano a Ovest, trovano Mimmo, Luigi e Hasso che festeggiano e la NBC che li riprende in quello che diventa una sorta di primissimo *reality show*.

Anche Peter Schmidt e la sua famiglia, alla fine, riescono a tornare a Ovest.

Le persone che quel giorno fuggono attraverso il loro tunnel sono in tutto ventinove. Poco dopo la fuga, la Stasi scopre il tunnel e lo allaga, rendendolo inutilizzabile.

«La cosa che ci è più dispiaciuta è che non sia servito a salvare altre persone.»

Si narra che quando la CIA riferì a Kennedy che il tentativo degli italiani era andato a buon fine, il presidente americano pianse per il loro coraggio e per l'emozione del successo.

In realtà sia Gigi sia Mimmo, e anche Hasso, continueranno a far fuggire persone in altri modi, procurando documenti e passaporti falsi, ma senza mai raccontare la loro impresa, nemmeno anni dopo, per paura di ritorsioni da parte della Stasi.

Gigi e Mimmo si laureeranno a Berlino e Mimmo sposerà la "staffetta" Ellen, che dedicherà un libro all'impresa del marito e del suo amico.

Prima di morire, pochi anni fa, Mimmo Sesta e Gigi Spina hanno ricevuto in Italia la Medaglia d'oro al Valor Civile, massima onorificenza del nostro paese per un suo cittadino.

Il tunnel che i due italiani pensarono, progettarono e scavarono ha preso come nome il numero delle persone a cui Mimmo e Gigi restituirono la libertà: Tunnel 29.

La loro impresa, di cui così raramente parlarono, può essere sintetizzata dalle parole di Ellen: «Ho avuto la sensazione di aver fatto del bene».

13

COME L'ARIA È NECESSARIA ALLA VITA

Storia di Dimităr Pešev

Quando si racconta di uomini e donne che hanno compiuto atti di coraggio, scelte uniche, gesti eroici, il rischio è di farne dei santi, delle figure monocolore, tutte belle, tutte buone, senza ombre.

Quasi mai è così.

Spesso, anzi, direi sempre, gli esseri umani sono creature complicate, composte di molte parti anche discordanti tra di loro, capaci di coraggio come di paura, di decisioni giuste come di errori.

Fra le storie che mi colpiscono maggiormente, come scrittore, ci sono quelle di uomini e donne che arrivano a compiere il bene partendo da una posizione che li vedrebbe dalla parte del male o nella zona grigia dell'ignavia di chi tace e acconsente.

A volte perché avvenga questa conversione basta un minuto o un singolo evento che, come un macigno posato sul greto di un torrente, ne cambia il corso.

Succede così per Dimităr Pešev, un politico bulgaro della prima parte del secolo scorso.

La Bulgaria, durante la Seconda guerra mondiale, è una monarchia guidata da Boris III, sovrano fantoccio e uomo debole che – si racconta – non esita a rispondere «Sono a caccia» se gli sottopongono questioni scomode.

Quando Hitler chiede alla Bulgaria di allearsi con la Germania in cambio di un sostegno nella riannessione di territori perduti alla fine della Prima guerra mondiale, tra cui la Macedonia e la Tracia, questo piccolo paese militarmente debole prima tentenna, poi sceglie di stringersi in un abbraccio mortifero con il nazismo. L'idea del governo bulgaro è di poter restare abbastanza defilato dentro un'allenza più formale che sostanziale.

Dimităr Pešev ha quarantasei anni, è magistrato e vicepresidente del Parlamento. Entrato in politica nel governo precedente, apartitico, nel momento in cui la Bulgaria si dichiarava neutrale, sostiene l'alleanza con Hitler e plaude alla riconquista delle terre perdute a inizio secolo.

Pešev arriva a definire Hitler "il miglior statista del mio tempo".

Ma di lì a poco si rende conto che il suo paese ha firmato un patto con il diavolo: il Reich nazista chiede alla Bulgaria di approvare le leggi razziali contro gli ebrei. E così, come l'Italia ha fatto nel 1938 per accodarsi alla volontà di Hitler, anche la Bulgaria le promulga, nel 1940.

Pešev non interviene nella discussione in aula e non partecipa al voto, ma è probabile che già in questo momento, nel suo cuore, maturi la consapevolezza di quale passo verso l'abisso il suo paese stia compiendo.

In realtà Pešev, come molti altri politici bulgari, si illude ancora di riuscire a evitare un reale coinvolgimento nella politica di Hitler visto che, nonostante l'emanazione delle leggi razziali, nei primi tempi gli ebrei bulgari non sono soggetti a deportazioni e non subiscono conseguenze mortali.

Ma tutto cambia il 7 marzo 1943.

Jako Baruch – un vecchio amico ebreo con cui Dimităr ha trascorso l'adolescenza nella città di Kjustendil – lo raggiunge a casa. Jako è agitatissimo, perché è venuto a sapere una notizia sconvolgente: il ministro dell'Interno Gabrovski sta trattando per consegnare gli ebrei al Reich nazista e inviarli nei campi di concentramento.

Parliamo di un numero vicino alle cinquantamila persone.

La trattativa avviene in segreto, perché la comunità ebraica è ben integrata in Bulgaria e il governo ha paura che una notizia simile possa creare una reazione di rabbia, o almeno di dissenso, nella popolazione. Il progetto è, dunque, quello di concludere la deportazione degli ebrei prima che qualcuno abbia il tempo di contestarla.

Di fronte al materializzarsi concreto dell'orrore e all'ipotesi di essere complice dell'assassinio di migliaia di suoi connazionali, Pešev compie la sua scelta.

Subito, in pochi minuti, prende posizione.

Raduna una decina di colleghi parlamentari, poi va direttamente nell'ufficio del ministro Gabrovski e, in un confronto drammatico, chiede e ottiene che le deportazioni vengano momentaneamente sospese. Poi inizia a chiamare di persona le prefetture per accertarsi che nessuno prenda iniziative singole per deportare gli ebrei.

Pešev sa che la sua posizione è debole, perché di fatto ha agito da solo e l'operazione è sospesa, ma non annullata. Non ci sono atti ufficiali e i cittadini non possono sapere del rischio che il paese sta correndo.

L'unica possibilità, quindi, è trasformare il problema in questione politica pubblica.

«Avevo capito che i gesti personali, pur se praticabili, potevano dimostrarsi, alla lunga, di scarsa efficacia. Non erano sufficienti per garantire un esito positivo. Il governo li poteva ribaltare con le stesse motivazioni con cui aveva giustificato l'approvazione dei provvedimenti antiebraici... Per evitare l'irreparabile e raggiungere l'obiettivo bisognava porre la questione in Parlamento.»

Allora Pešev scrive di suo pugno una lettera al Parlamento e la fa firmare ad altri quarantuno deputati. Non gli sfugge il sollievo con cui i suoi colleghi si uniscono a lui, come se stessero aspettando solo qualcuno che infondesse loro il coraggio di opporsi. Pešev non chiede firme all'opposizione perché teme che questo possa compromettere tutto il progetto.

Alla fine si reca dal presidente del Parlamento per annunciargli la sua intenzione.

Quello gli risponde duro, freddo: «Non è conveniente, Pešev».

Ma Pešev è fermo. «La presenterò lo stesso» risponde, e così fa. L'alleanza con la Germania e la debolezza militare della Bulgaria non concedono grandi margini di manovra, ma la lettera di Pešev ha dalla sua la forza del rifiuto dell'orrore. Chi, come noi italiani, porta nella propria storia la macchia di un governo che sostenne il razzismo e deportò gli ebrei, non può che essere toccato dal coraggio di parlamentari capaci di far mutare posizione al proprio governo.

«Non possiamo credere che ci siano dei piani per deportare questa popolazione dalla Bulgaria, come suggeriscono alcune voci a danno del governo.

«Tali misure sono inammissibili, non solo perché queste persone – cittadini bulgari – non possono essere espulse dalla Bulgaria, ma anche perché ciò avrebbe serie conseguenze per il paese. Sarebbe un'indegna macchia d'infamia sull'onore della Bulgaria, che costituirebbe un grave peso morale, ma anche politico, privandola in futuro di ogni valido argomento nei rapporti internazionali.

«Un minimo livello di legalità è necessario per governare, come l'aria è necessaria alla vita.

«L'onore della Bulgaria e del popolo bulgaro non è solo una questione di sentimento, è soprattutto un elemento della sua politica. È un capitale politico del valore massimo ed è per questo che nessuno ha il diritto di usarlo indiscriminatamente se il popolo intero non è d'accordo.»

La lettera si diffonde immediatamente tra la gente. È un colpo molto duro per l'anima più estremista del governo, che deve fare dei passi indietro: la popolazione bulgara inizia a premere su re Boris III, che si trova costretto a revocare a Hitler la disponibilità a deportare gli ebrei.

Pešev non trae alcun vantaggio politico dalla sua scelta, anzi. La ritorsione è immediata, e viene deposto dalla carica di vicepresidente del Parlamento mentre gli estremisti del paese lo accusano di proteggere gli ebrei.

Lanciano pietre contro la sua casa.

Minacciano di consegnarlo ai tedeschi, una volta che la Germania avrà vinto la guerra.

Se per i dodicimila ebrei di Tracia e Macedonia, territori dove sono di stanza anche i soldati tedeschi, non è possibile intervenire per fermare la tragedia delle deportazioni, i quarantottomila ebrei bulgari che vivono all'interno dei confini originari della Bulgaria si salvano grazie alla presa di posizione di Pešev.

Alla morte improvvisa di Boris III, forse avvelenato dagli stessi vertici nazisti per lo scarso sostegno che ha dimostrato loro, i sovietici entrano da est in Bulgaria e Dimităr Pešev diventa un nemico. Lo accusano di aver sostenuto un governo filonazista, di essere antisovietico e perfino antisemita, gli rinfacciano di aver salvato ebrei in cambio di denaro e tornaconto politico.

Al suo processo sono diversi i testimoni ebrei a scagionarlo, eppure la corte è ancora intenzionata a condannarlo a morte, destino che tocca ad alcuni dei deputati che hanno firmato la sua lettera.

Pešev evita la forca perché anni prima, come ministro della Giustizia, ha salvato dalla condanna un uomo che ora, nel nuovo governo filorusso, è ministro della Guerra.

Subisce però una condanna a quindici anni di prigione, ne sconta uno, viene liberato e interdetto dalla professione di magistrato, mentre il merito principale del salvataggio degli ebrei bulgari viene attribuito all'ex combattente della Resistenza Todor Živkov, che, nel frattempo, è diventato il nuovo leader politico della Bulgaria, instaurando un regime vicino alla dittatura.

Gli ebrei che non sono emigrati in Israele e sostengono il nuovo governo comunista – che pure ne limita progressivamente la libertà – non fanno molto per smentire questa versione della storia, al punto che si valuta di proporre Živkov per il Nobel per la Pace attribuendogli il salvataggio degli ebrei bulgari. L'idea, però, è talmente bislacca e sprovvista di prove concrete che nessuno ha il coraggio di portarla in fondo.

In tutto questo, Dimităr Pešev finisce emarginato e senza soldi, costretto a farsi mantenere dalla sorella, eppure continua a ricevere lettere e visite di ebrei scappati dal nuovo regime comunista che arrivano appositamente da Israele per ringraziarlo di persona del suo coraggio. Scrive le sue memorie, ma non spende nemmeno una parola di rancore sulle bugie che circolano a proposito della scampata deportazione.

Sarà una archivista del nuovo governo a riscoprire il nome di Pešev fra quelli cancellati dalla storia bulgara. Lo va a trovare per farsi raccontare di quei tempi drammatici e, in lui, non trova traccia di odio o di recriminazioni.

«Quell'uomo così distinto e discreto mi fece capire che si potevano compiere atti di grande umanità anche se si militava in quello che, fino ad allora, io avevo considerato il campo nemico.»

Di fatto, il salvatore di quasi cinquantamila ebrei muore pressoché dimenticato nel suo paese, nel 1973.

Ma, in quello stesso anno, è la commissione dello Yad Vashem, l'Ente nazionale per la Memoria della Shoah di Israele, a riabilitare la sua memoria e ad attribuirgli il titolo di "Giusto tra le nazioni".

Se diversi protagonisti di questo libro hanno scritto la loro storia di coraggio con gesti clamorosi, Dimităr Pešev l'ha tracciata con un atto politico, meno affascinante di un'azione fisica di lotta, eppure tremendamente efficace.

«Il silenzio sarebbe stato contrario alla mia coscienza e al mio senso di responsabilità di deputato e di uomo, e mi sarei reso complice di tutto ciò che sarebbe potuto accadere in seguito.»

Perché a volte ci dimentichiamo quanto sia grande il peso della politica e delle parole.

Parole che implicano scelte.

Scelte che implicano conseguenze.

La conseguenza della scelta di Pešev è stata la salvezza di quasi cinquantamila esseri umani e dell'onore di un intero popolo.

14

IL PROBLEMA CON CUI TUTTI CONVIVIAMO

Storia di Ruby Bridges

Il 14 novembre 1960, davanti alla scuola elementare William Frantz di New Orleans, c'è una grande tensione e la paura che succeda qualcosa di molto brutto.

Una folla nervosa è assiepata in strada, in attesa della persona che deve arrivare, un nemico che quella gente non vuole vedere per nessun motivo.

Molte delle manifestanti più furibonde sono donne, e alcune alzano cartelli che dicono: «Dio chiede la segregazione», «Salviamo la segregazione». Un ragazzo regge un cartello con la frase: «Tutto ciò che desidero per Natale è una scuola bianca segregata».

Il nemico finalmente arriva, scende dalla macchina scortato da quattro uomini bianchi dai visi seri e gli abiti formali. Sul braccio sinistro, sopra le giacche eleganti, indossano tutti una benda gialla con scritto "U.S. Marshals", che corrisponde più o meno ad "Agenti del Dipartimento di Giustizia".

Due davanti e due dietro, proteggono l'obiettivo della protesta: una bambina di sei anni che indossa un golfino bianco sopra un abito rosa e si chiama Ruby Bridges.

Elegante come se partecipasse a una festa, Ruby ha la cartella in mano, perché sta andando a scuola. Nonostante da anni una sentenza abbia stabilito che la segregazione razziale nelle scuole degli Stati Uniti è illegale, la realtà è ancora diversa, specialmente negli Stati americani del Sud, dove il razzismo è più radicato.

A New Orleans, la sua città, capitale della Louisiana, solo nel 1960 è stato sancito che la discriminazione nelle scuole dovesse cessare ed è stato bandito un primo test per decidere se, nelle scuole nere, ci fossero bambini abbastanza preparati per frequentare una scuola elementare come la William Frantz, che fino a quel momento ha avuto solo alunni bianchi.

Il test lo hanno passato sei bambini, ma due hanno scelto di restare nella scuola riservata ai neri, tre

sono stati indirizzati in un altro istituto, mentre Ruby Bridges è la sola candidata ad andare alla William Frantz.

Suo padre Abon è stato a lungo poco convinto della decisione perché era chiaro che nessuno a scuola avrebbe voluto Ruby e allora, di fronte alle pressioni mediatiche e alle minacce ricevute, lui vacillava, aveva troppa paura per lei.

Ma la mamma, Lucille, l'ha sempre vista diversamente.

«Dobbiamo darle un'educazione migliore. E Ruby potrebbe aprire la strada per tanti altri bambini neri.»

Lucille ha convinto Abon e così, quel 14 novembre 1960, Ruby si è preparata e ha preso la cartella per il suo primo giorno di scuola alla William Frantz.

Quando scende dalla macchina con i quattro agenti e vede quella grande folla, la piccola Ruby pensa sia una specie di festa di carnevale, perché le persone lanciano oggetti e gridano.

In realtà gridano contro di lei.

Alcuni cantano una specie di filastrocca:

Due, quattro, sei, otto
è la canzone,
noi non vogliamo l'integrazione.

Ruby la ripeterà continuamente, una volta tornata a casa, saltando la corda.

La bimba però non si spaventa, non piange. Cammina con la sua cartella insieme ai quattro uomini bianchi che la proteggono, sale i gradini della scuola verso altri due poliziotti armati all'ingresso.

«Marciò come un soldatino e noi tutti fummo molto, molto orgogliosi di lei» dirà uno di quei quattro uomini, Charles Burks.

Ma il peggio la aspetta dentro la scuola.

Appena Ruby entra, i genitori bianchi fanno uscire tutti i loro bambini; molti di quegli studenti saranno trasferiti in altre scuole ancora segregate, messi al sicuro dal pericolo della compagna di classe nera. Il problema non sono solamente le famiglie che portano via i bambini, ma anche le insegnanti che si rifiutano di fare lezione a Ruby.

A parte una.

Si chiama Barbara Henry, quel giorno sta con lei nell'aula vuota e le fa lezione come se insegnare a una classe di un'alunna sola fosse del tutto normale.

«Non avevo mai visto una maestra bianca. Ma la signora Henry era la più dolce maestra che avessi mai avuto. Cercava di non farmi pensare a quello che c'era fuori.»

Barbara Henry le insegna tutto, dalla musica alla

ginnastica. Intanto Ruby guarda oltre le finestre, nel cortile deserto dove si aggirano solo gli agenti. «Forse stanno cercando gli altri bambini!» ipotizza.

Il secondo giorno anche il reverendo metodista bianco Lloyd Anderson Foreman si ribella. Foreman pensa che sia suo preciso obbligo morale combattere quell'ingiustizia che isola una bambina e ha svuotato la scuola, impedendo a sua figlia Pam di andare a lezione. Così decide di forzare, per primo, il boicottaggio e passa con la sua bambina in mezzo alla folla inferocita.

«Voglio semplicemente affermare il diritto di portare mia figlia a scuola» risponde a chi lo insulta.

All'inizio anche la piccola Pam avrà bisogno di raggiungere la scuola scortata, a bordo di una macchina contro i cui finestrini le persone tirano pietre. I Foreman pagheranno la loro scelta con minacce di orribili ritorsioni che li costringeranno a cambiare casa. Anche la chiesa dove il reverendo presta il suo servizio viene attaccata con il lancio di lampade al cherosene.

Quando la tensione si allenta e Pam torna a fare la strada a piedi, deve comunque subire ancora gli insulti, insieme al padre.

Ma non resta sola. Il giorno dopo, a lei si aggiunge Yolanda Gabrielle.

Sua mamma l'ha portata via, il primo giorno, temendo problemi di sicurezza. Ma dopo due notti a riflettere ha deciso di riportare Yolanda a scuola.

«Era una questione di principio» spiegherà.

Le tre compagne stanno in classi separate, ma dopo qualche tempo, grazie alle insistenze della maestra Henry, la scuola le autorizza a giocare insieme durante la ricreazione.

Nel corso dell'anno, lentamente, altri bimbi bianchi tornano in classe, nonostante i manifestanti siano sempre presenti fuori dalla scuola, armati di Bibbie e odio.

Ruby, però, continua a fare lezione da sola con la signora Henry per tutto quell'anno e il successivo.

Andare a scuola non è facile, perché sulla strada, ogni mattina, una donna bianca la minaccia di avvelenarla: per questo motivo, gli agenti di scorta le impongono di mangiare solo il cibo che si è portata da casa. Un'altra donna le mostra una bambola nera dentro una bara e Ruby se la sogna quasi ogni notte, quella bara.

Le conseguenze del clamore suscitato dalla vicenda ricadono anche sulla famiglia Bridges: Abon, il padre, perde il lavoro, la drogheria si rifiuta di servire la famiglia, i nonni di Ruby, che lavorano nei campi per conto di bianchi in Mississippi, vengono allontanati dalla terra, i suoi genitori alla fine si separano.

Eppure diverse persone aiutano Ruby, donandole abiti, offrendo un nuovo lavoro a suo padre, facendo la ronda per proteggere la casa dei Bridges o per vigilare sul suo tragitto verso la William Frantz.

Quattro anni dopo quel primo giorno di scuola, il celebre pittore americano Norman Rockwell dipinge il quadro intitolato *Il problema con cui tutti noi conviviamo*, raffigurante Ruby vestita di bianco che cammina con passo marziale fra gli U.S. Marshals.

La piccola Ruby finirà le scuole, studierà e, una volta cresciuta, farà l'agente di viaggi e condurrà a lungo una vita ordinaria, spesso dimenticata.

Ci vorrà un libro per ragazzi scritto dal vincitore del premio Pulitzer Robert Coles nel 1995 per dare alla sua storia il tributo che meritava.

Grazie alla celebrità ottenuta dopo l'uscita del libro su di lei, Ruby ha ricevuto anche una telefonata speciale, da un'altra persona che in quei giorni lontani le era stata accanto.

Senza bisogno di troppe presentazioni, le due donne si sono riconosciute subito.

«Salve, signora Henry» ha detto l'ex allieva alla sua insegnante ormai in pensione. Ruby e Barbara si sono poi incontrate di persona in televisione, nel 1996, al celebre show presentato da Oprah Winfrey.

Ruby Bridges ha potuto lasciare il lavoro e dedicarsi all'attivismo che aveva sempre fatto parte della sua vita, creando una Fondazione a suo nome per promuovere «tolleranza, rispetto e valore della diversità» e combattere la diffusione del razzismo tra i bambini.

Negli anni ha ottenuto tre lauree *honoris causa* per il suo impegno politico e sociale.

Il quadro che Norman Rockwell le aveva dedicato nel 1964 è stato sistemato alla Casa Bianca. Quando Ruby l'ha visitata come ospite d'onore, il presidente Barack Obama, davanti al dipinto originale, le ha detto: «Credo sia giusto affermare che, se non fosse stato per lei, io non sarei qui e noi non staremmo guardando questo quadro insieme».

Nel 2010, alla scuola William Frantz, Ruby ha celebrato un anniversario speciale con una persona speciale, Pam Foreman, la prima bimba bianca a infrangere il boicottaggio ed entrare a scuola con lei.

«Mio padre chiamava la strada verso la scuola "la camminata più lunga" perché avevamo contro la nostra stessa razza» ha spiegato Pam in quell'occasione, dopo avere ritrovato e abbracciato Ruby.

Oggi Ruby Bridges, che un giorno si ritrovò la sola studentessa in una scuola che non la voleva, ha una statua che la ricorda, fuori dalla William Frantz.

15

DALLA PARTE DEL CUORE

Storia di Carlos Caszely e Olga Garrido

Lo sport, molto spesso, è uno dei primi strumenti di consenso utilizzati dalle dittature.

I regimi totalitari, una volta al potere, hanno sempre usato lo sport per dare un'impressione di normalità grazie ai successi degli atleti, spesso "costretti" a trionfare anche per dare lustro al potere. Violenze e morte per la distruzione delle masse, vittorie sportive per la loro distrazione.

Pensiamo al doping di Stato praticato da molte dittature comuniste europee, con gli atleti costretti ad assumere anabolizzanti per vincere, portare gloria ai regimi, dimostrare che i paesi dell'Est trionfavano ovunque, anche sui campi e le piste.

Pensiamo alla squadra di calcio della Dinamo Berlino, il cui presidente era Erich Mielke, uomo al comando della terribile polizia segreta della Germania Est, la Stasi. Mielke arrivò ad assoldare gli arbitri nella Stasi perché la Dinamo vincesse, per dimostrare il suo potere e aumentare il suo consenso fra la popolazione. L'uomo responsabile di minacce e torture era anche quello che rendeva felici i tifosi della Dinamo, dando loro una squadra vincente.

Pensiamo al regime nazista di Hitler, che tolse d'ufficio ogni titolo sportivo a campioni ebrei e rom, affinché non smentissero le sue teorie sulla razza ariana. I campioni dovevano essere puri tedeschi. E nel 1936, dopo l'approvazione delle leggi antisemite di Norimberga, il Führer nazista volle ospitare a Berlino le Olimpiadi per mostrare al mondo la perfezione della macchina organizzativa tedesca.

Il dittatore del Cile, il generale Augusto Pinochet, non è stato da meno.

Pinochet prende il potere l'11 settembre del 1973, quando sfrutta la sua posizione di comandante delle forze armate per ordire un colpo di Stato contro il regime democratico di ispirazione socialista guidato da Salvador Allende. Le forze armate fedeli a Pinochet attaccano il palazzo del presidente Allende il quale, per non cadere nelle mani dei congiurati, si toglie la vita.

«È possibile che ci annientino, ma il domani apparterrà al popolo, apparterrà ai lavoratori. L'umanità avanza sempre verso la conquista di una vita migliore» è una delle frasi di Allende prima che il suo destino si compia.

In realtà, però, il Cile precipita in un abisso dove la vita migliore auspicata dal leader socialista sembra impossibile.

Una volta preso il potere, Pinochet inizia un'operazione massiccia di repressione contro reali o presunti sostenitori di Allende, arrivando ad arrestare più di centomila persone nei primi tre anni di regime. Da quel momento in avanti si consumano le peggiori barbarie.

Migliaia di persone – in particolare intellettuali, scrittori e artisti, ma anche semplici cittadini ritenuti ostili al regime – vengono rinchiuse nell'Estadio Nacional de Chile, che diventa un campo di prigionia: lì, gli uomini sono torturati e le donne vengono violentate nella piscina dell'impianto, per vendetta, per cercare di estorcere loro informazioni o per garantirsi che, una volta rilasciati, non abbiano più il coraggio di opporsi a Pinochet.

Alcune persone muoiono durante le torture, per le ferite o a seguito di esecuzione.

Nello stadio si contano almeno quarantuno vittime documentate, ma altre vengono portate in un impianto vicino per essere finite lì.

Il regime di Pinochet torturerà quasi trentamila persone e causerà circa tremilacinquecento morti, anche se il conteggio è reso difficile dal fatto che un terzo di questi risultano fra i *desaparecidos*, gli scomparsi di cui non si sono mai trovati i corpi. Queste vittime sono state per lo più sepolte in fosse comuni non identificate, ma in alcuni casi venivano anestetizzate e poi gettate ancora vive da aerei in volo, scomparendo in mare.

In tutto questo, lo sport non si ferma. Il calcio in Cile è seguitissimo e la nazionale cilena, pochi giorni dopo la presa di potere di Pinochet, deve andare in URSS a giocarsi lo spareggio per la qualificazione ai Mondiali, che si disputeranno nel 1974 nella Germania Ovest.

La squadra del Cile, dove si è insediato un governo dittatoriale di destra, probabilmente con il sostegno segreto degli Stati Uniti, deve giocare contro la nazionale del paese comunista per eccellenza.

Prima che partano per l'Unione Sovietica, Pinochet incontra i calciatori.

Tra loro c'è Carlos Humberto Caszely Garrido, un attaccante piccolo, massiccio e baffuto.

Dotato di grande tecnica, Caszely è soprannominato "Il re del metro quadrato" per la sua efficacia negli spazi stretti, ma anche "Il re dell'area piccola".

Carlos è stato due volte campione nazionale con il Colo Colo, squadra della capitale Santiago, fra i team più amati e vittoriosi del Cile. Dopo aver siglato sessantadue gol in centoventitré partite, Caszely si è appena trasferito in Spagna, per giocare nel Levante, poco prima della morte di Allende.

Per questo motivo non ha potuto assistere alle violenze del regime. Anzi, forse proprio il trasferimento in Spagna lo ha salvato dal diventare anche lui un nemico ricercato dal regime, visto che ha più volte mostrato pubblicamente la propria simpatia per Allende.

In occasione della finale della Copa Libertadores il leader socialista è andato a Buenos Aires a salutare il Colo Colo e si è fatto fotografare con Carlos.

Il 26 settembre 1973 Caszely gioca contro l'URSS allo Stadio Lenin di Mosca e la partita finisce zero a zero.

A novembre, però, quando torna in Cile per giocare la partita di ritorno contro i sovietici, Carlos si rende conto di quanto sia tragica la situazione del suo paese e di come sia impossibile opporsi al regime. La nazionale cilena deve giocare proprio in quell'Estadio Nacional dove sono rinchiuse le persone.

L'URSS chiede delle verifiche circa le condizioni dell'impianto, ma i generali del Cile fanno sparire ogni traccia delle loro brutalità. Tutto è in ordine, non si vedono soldati né prigionieri.

Ciononostante la nazionale sovietica decide di non andare a giocare in Cile, accettando una sconfitta a tavolino.

Ma al Cile di Pinochet questo non basta e l'allenatore della nazionale Luis Álamos manda in campo ugualmente quattro calciatori perché segnino un gol a porta vuota, come gesto simbolico.

Non è un caso che due di loro siano Carlos Caszely e Francisco Valdés, altro giocatore dalle simpatie di sinistra, costretti a scendere in campo per essere protagonisti di quella vergognosa sceneggiata.

Caszely vorrebbe gettare la palla in fallo laterale, ma non trova il coraggio. Per non dover segnare quel finto, odioso gol, passa a Valdés la palla da insaccare.

Si racconta che, quando tornano negli spogliatoi, il disgusto dei due calciatori sia tale che devono vomitare nei bagni.

La madre stessa di Carlos, Olga Garrido, mentre lui torna a giocare il campionato in Spagna, viene arrestata e sottoposta a violenze e torture.

Arrivano i Mondiali.

Prima della partenza il generale Pinochet vuole incontrare la nazionale che terrà alto il nome del Cile e della sua dittatura, stringendo la mano a tutti i calciatori.

Solo uno di loro non gliela porge, tenendo le braccia dietro la schiena di fronte al generale.

È Carlos Caszely che, nella partita di esordio del Mondiale, dopo il gol della Germania Ovest, tira un pugno al tedesco Berti Vogts e si fa espellere, abbattendo le già scarse probabilità del Cile di passare il turno.

La stampa di regime si scatena accusando l'attaccante di aver compiuto quel gesto di proposito e il campione paga con un bando di cinque anni dalla nazionale. Caszely resta in Spagna, all'Espanyol, fino al 1978, poi torna in patria per giocare e segnare di nuovo nel Colo Colo.

I cileni lo rivogliono in nazionale, e alla fine viene richiamato.

Il piccolo bomber trascina la squadra ai Mondiali del 1982 in Spagna, dove però – alla partita di esordio – sbaglia clamorosamente un rigore, attirandosi ancora una volta le ire del regime.

In Cile Carlos gioca fino al 1985, segnando altri ottantanove gol e, alla fine del suo ultimo campiona-

to, si trova in visita al palazzo del presidente, lo stesso dove si è tolto la vita Allende.

Caszely si presenta con una cravatta rossa di fronte al dittatore, ancora una volta rifiutandosi di dargli la mano.

«Lei porta sempre la cravatta?» gli chiede Pinochet.

«Sì, non me la tolgo mai. La porto dalla parte del cuore» risponde indicandosi la parte sinistra del petto.

«Io gliela taglierei» risponde il dittatore imitando delle forbici con le dita.

L'attaccante si trasferisce in Ecuador, per un'ultima stagione, prima di smettere con il calcio giocato.

Nel frattempo in Cile la crescente crisi economica risveglia l'ostilità della popolazione verso il regime di Pinochet e il dittatore cerca una legittimazione popolare indicendo un referendum nell'ottobre del 1988. La domanda posta ai cileni è molto semplice: «Volete che Pinochet compia un altro mandato, della durata di otto anni?».

In un paese che da anni è governato da una giunta militare l'esito del voto sembra scontato, grazie alla pressione che il dittatore può esercitare.

Poco prima del voto Pinochet usa tutta la sua capacità di propaganda e sfrutta a proprio beneficio anche il calcio, promettendo di investire trecento milioni di dollari per completare lo stadio Monumental, dove gioca proprio il Colo Colo. Una promessa che – comunque – il generale non manterrà.

Dall'altra parte, però, c'è un paese esasperato da anni di dittatura in cui ormai la televisione decide di dare spazio non solo alla voce del regime, ma anche alle ragioni di chi voterà contro di esso.

Ogni sera, in una sorta di tribuna politica, le persone che voteranno "Sì" e quelle che diranno "No" hanno quindici minuti di tempo per esprimere la propria posizione.

Una sera la televisione si collega dal salotto di una donna, Olga Garrido.

La signora, ormai anziana, racconta la sua esperienza di orrore.

«Fui rapita da casa mia e portata in un luogo sconosciuto, dove fui torturata e violentata brutalmente. Per rispetto nei confronti dei miei figli, della mia famiglia e di me stessa non raccontai tutte le vessazioni che subii. Le torture fisiche si possono cancellare, ma le torture morali non le dimenticherò. Non posso riuscirci, perché le ho ancora ben chiare nella mia mente e nel mio cuore. Perciò, io voterò "No": affinché un domani si possa vivere in una democrazia libera, senza odio, con amore e gioia.»

E a questo punto succede l'incredibile.

La telecamera cambia inquadratura e prima in video spunta un gagliardetto del Colo Colo, poi appare Carlos Caszely.

Anche il bomber idolo del Cile ha qualcosa da dire.

«Per questo il mio voto è "No". Perché la sua allegria è la mia allegria» dice, mentre siede al fianco della signora Olga Garrido. «Perché i suoi sentimenti sono i miei sentimenti. Perché domani si possa vivere in una democrazia libera, sana, solidale. Perché questa bella signora è mia madre.»

Le persone presenti in quel salotto raccontano che, una volta finito il servizio, tutti si mettono a piangere.

Alle elezioni quasi il sessanta per cento dei cileni vota "No" a un nuovo mandato di Pinochet, sancendo la fine del regime.

In un ambiente come quello del calcio che sembra impermeabile a quanto accade nella società, Carlos Caszely ha rappresentato una meravigliosa anomalia, per la sua attenzione al mondo esterno che continua ancora oggi, nel 2020: durante l'epidemia di Coronavirus, Caszely è andato di persona all'Ospedale di Sótero del Río, nella città di Puente Alto, per donare cinquecento mascherine protettive per il personale medico.

E, proprio mentre sto scrivendo il pezzo che a lui ho dedicato, Caszely è tornato a esprimersi sul ruolo dei calciatori nella società.

«Normalmente il calcio è gestito da persone di destra, non molto democratiche, a cui non piace che il calciatore abbia una sua opinione. Insisto, noi siamo esseri umani e il calciatore, sfortunatamente, dimentica da dove viene. Entra in una bolla, indubbiamente meravigliosa, che non gli permette di guardare oltre il suo naso. E questo non dovrebbe accadere. Non dovresti mai dimenticare da dove vieni, come sei, e non dovresti mai cambiare il tuo modo di essere.»

16

ORMAI NON CI PRENDONO PIÙ

Storia di Sandro Pertini

Roma, 8 luglio 1978.

Un anziano signore, piccolino e coi capelli bianchi, esce dalla minuscola mansarda in cui abita, quaranta metri quadri di fronte alla fontana di Trevi.

L'uomo cammina veloce nonostante i suoi ottantadue anni, durante molti dei quali ha fumato la pipa.

Le persone in strada lo fermano, gli stringono la mano, lo salutano, perché il suo viso è celebre, ha segnato la storia d'Italia in tanti modi diversi.

L'uomo si chiama, all'anagrafe, Alessandro Giuseppe Antonio e, nella sua lunga vita, ha usato anche diversi altri nomi falsi per non essere catturato. Ma tutti l'hanno sempre conosciuto come Sandro.

Sandro Pertini.

Nonostante sia basso di statura, Sandro ha attraversato la vita con i passi di un gigante.

Poco più che ventenne, è stato tenente durante la Prima guerra mondiale, distinguendosi in prima persona. Ha sparato con un mitragliatore dopo averlo mosso all'attacco da solo. Ha partecipato alla tragica battaglia di Caporetto; poi, intossicato dai gas durante un'azione, è stato salvato da morte quasi certa.

Ha combattuto, anche se non sopportava la guerra.

«Io ero pacifista, ma andai volontario in guerra perché se a combattere dovevano andare i figli degli operai e dei contadini, allora dovevo andarci anch'io.»

Dopo la guerra, Sandro è tornato agli studi, si è diplomato al liceo classico, è diventato avvocato e poi, nonostante abbia servito la monarchia in guerra, ha deciso di lottare senza quartiere contro il fascismo.

Quando Mussolini ha preso il potere in Italia e ucciso il suo oppositore Giacomo Matteotti, Pertini si è iscritto al Partito socialista e ha iniziato la sua attività antifascista.

Il regime lo ha perseguitato. I fascisti hanno distrutto il suo studio di avvocato, a Savona, e lo hanno pestato più volte: perché indossava una cravatta rossa, perché portava fiori nelle commemorazioni dedicate a Matteotti, perché partecipava a manifestazioni antifasciste. Durante una di queste gli hanno spaccato un braccio.

I tribunali lo hanno incriminato come "avversario irriducibile del Regime".

Per non farsi arrestare, è fuggito in Francia e, anche se il Partito socialista gli offriva sostegno economico, ha preferito guadagnarsi da vivere con il suo lavoro: ha lavato i taxi, ha fatto il manovale, il muratore, persino la comparsa in bici in un film di produzione americana.

Mentre cercava di rientrare in Italia, per progettare un attentato a Mussolini, è stato riconosciuto, arrestato e condannato a oltre dieci anni di galera. Quando glielo hanno comunicato, in aula, si è alzato e ha gridato: «Abbasso il fascismo, viva il socialismo!».

Nei lunghi anni di prigionia ha cambiato molte carceri diverse, spesso è stato recluso in isolamento e si è ammalato di tubercolosi.

La madre, contro la sua volontà, ha domandato la grazia, ma lui si è rifiutato di accettarla.

«Mamma, mi sento umiliato al pensiero che tu, sia pure per un solo istante, abbia potuto supporre che io potessi abiurare la mia fede politica pur di riacquistare la libertà.»

Nell'agosto del 1943 lo hanno scarcerato, ma i compagni di prigionia hanno dovuto convincerlo a uscire perché lui rifiutava di abbandonare il carcere se non fossero stati rilasciati tutti.

"Puoi combattere meglio per la causa da fuori" gli hanno detto.

E infatti, appena scarcerato, Sandro ha ricominciato la sua lotta contro il fascismo, guadagnandosi una Medaglia d'Oro al Valor Militare nella battaglia in difesa di Roma. Ma la libertà è durata solo tre mesi e in ottobre lo hanno di nuovo arrestato insieme al compagno di lotta Giuseppe Saragat.

Praticamente senza processo lo hanno condannato a morte, e l'esecuzione sarebbe potuta avvenire per rappresaglia in qualsiasi momento.

«Di poca durata è stata la libertà concessami, ma anche a questo ero già preparato.»

Eppure, in carcere, Pertini lo hanno rispettato e temuto persino le guardie, per come resisteva, per come riusciva a mantenersi pulito ed elegante anche in prigione, mentre scriveva alla sorella: «Vedrai, Sandro risorgerà».

Ed è andata così. I partigiani lo hanno liberato attraverso falsi ordini di scarcerazione.

Pertini, tornato libero, è andato in Francia, quindi da lì è rientrato rocambolescamente in Italia attraverso i ghiacciai del Monte Bianco, usando ciaspole e sci, aiutato prima dai partigiani francesi e poi da quelli italiani.

In quell'occasione ha fumato la pipa per la prima volta, e non ha più smesso.

Ha attraversato il Nord-Ovest con documenti falsi per raggiungere Milano, dove il 25 aprile 1945 la sua voce ha proclamato alla radio lo sciopero generale insurrezionale.

«Cittadini, lavoratori! Sciopero generale contro l'occupazione tedesca, contro la guerra fascista, per la salvezza delle nostre terre, delle nostre case, delle nostre officine. Come a Genova e a Torino, ponete i tedeschi di fronte al dilemma: arrendersi o perire.»

Ha anche proclamato la risoluzione del Comitato di Liberazione nazionale Alta Italia che stabiliva la condanna a morte di tutti i gerarchi fascisti, compreso Mussolini.

«Egli dovrà essere consegnato a un tribunale del popolo, perché lo giudichi per direttissima. E per tutte le vittime del fascismo e per il popolo italiano dal fascismo gettato in tanta rovina egli dovrà essere e sarà giustiziato. Questo noi vogliamo, nonostante che pensiamo che per quest'uomo il plotone di esecuzione sia troppo onore.»

Eppure, quando il corpo morto di Benito Mussolini è stato esposto in piazzale Loreto, Pertini ha condannato la scelta di offenderne il cadavere.

«Ordinai che i corpi fossero rimossi e portati all'obitorio. Io, il nemico, lo combatto quando è vivo e non quando è morto. Lo combatto quando è in piedi e non quando giace per terra.»

Finita la guerra ha partecipato alla Costituente della Repubblica ed è stato presidente della Camera, dopo aver sposato una giornalista che aveva conosciuto quando era partigiana, Carla Voltolina.

Anche nell'Italia del dopoguerra ha continuato a opporsi al fascismo e ai partiti che hanno cercato di riportarlo in vita, come il Movimento sociale italiano.

A Genova, nel 1960, già anziano, ha parlato davanti a centinaia di migliaia di persone per bloccare il congresso di questo partito, in un discorso che si chiudeva così: «Non vi riuscì il fascismo, non vi riuscirono i nazisti, non ci riuscirete voi. Noi, in questa rinnovata unità, siamo decisi a difendere la Resistenza, a impedire che ad essa si rechi oltraggio. Questo lo consideriamo un nostro preciso dovere: per la pace dei nostri morti, e per l'avvenire dei nostri vivi, lo compiremo fino in fondo, costi quello che costi».

Le parole di Pertini hanno talmente incendiato la folla che il suo discorso è passato alla storia come *'U brichettu*, che in genovese significa "Il fiammifero".

Ancora pochi mesi prima dell'8 luglio 1978, Pertini ha sostenuto la linea dura contro le Brigate Rosse che hanno rapito il presidente della Democrazia cristiana e due volte ex presidente del Consiglio Aldo Moro, opponendosi a ogni trattativa con i terroristi per la liberazione di quel collega che lui pure ama e stima e definirà «un amico a noi tanto caro, un uomo onesto, un politico dal forte ingegno e dalla vasta cultura».

E dunque eccoci tornati a quello stesso 8 luglio 1978 in cui Sandro cammina per Roma.

È ormai vecchio, Pertini, ha ottantadue anni e tutto fa pensare che abbia concluso il suo incredibile percorso politico e sia destinato a un onorevole e progressivo ritiro dalla scena.

Invece non è così.

Il presidente della Repubblica in carica Giovanni Leone si è dimesso in seguito ad accuse di presunti illeciti e il Parlamento non riesce a trovare una figura su cui far confluire un consenso comune. Considerata la situazione di stallo, qualcuno inizia a fare un nome: Sandro Pertini.

Ma pare un azzardo, non è mica possibile, Pertini è troppo vecchio, troppo ribelle!

Sennonché, una volta che le elezioni sono arrivate al quindicesimo scrutinio e nessun candidato ha ottenuto la maggioranza, i parlamentari hanno iniziato a pensare che questo piccolo e vecchissimo uomo, con la sua vita eroica e pulita, possa davvero rappresentare l'unità nazionale, la coerenza, la forza.

Fino all'ultimo nemmeno lui ci scommetterebbe, tanto che il giorno prima della nomina – il 7 luglio – Sandro si è comprato un biglietto per trascorrere qualche giorno di vacanza in quella Francia che così spesso lo ha protetto, considerando chiusa la questione presidenza. Ma alla fine non è partito, perché la voce – ora dopo ora – è cresciuta di forza: Pertini è il solo nome possibile per pacificare un paese diviso.

E va proprio così, Sandro Pertini viene eletto al sedicesimo scrutinio con 832 voti su 995, il maggiore consenso della storia repubblicana.

L'anziano signore coi capelli bianchi, l'ex perseguitato politico e carcerato, l'ex partigiano irriducibile, raggiunge il Parlamento, dove tiene il suo discorso di insediamento che finisce con queste parole: «Da oggi io cesserò di essere uomo di parte. Intendo essere solo il presidente della Repubblica di tutti gli italiani, fratello a tutti nell'amore di patria e nell'aspirazione costante alla libertà e alla giustizia. Onorevoli senatori, onorevoli deputati, signori delegati regionali, viva la Repubblica, viva l'Italia!».

Ed è proprio lui, il presidente vecchissimo, a svecchiare e rivoluzionare il suo ruolo.

Se, prima del suo insediamento, la figura del presidente è stata quella di un garante della Costituzione poco esposto, un ruolo molto formale ma poco sentito dalla cittadinanza, Sandro Pertini riscrive da zero il ruolo di capo dello Stato, al punto che a proposito del suo mandato si parlerà di "Repubblica pertiniana".

Pertini rimane un uomo schietto, ironico, brillante, capace di essere amichevole con i cittadini quanto ruvido con i politici, anche quando riveste la più alta carica dello Stato.

Il vecchio combattente non prende alloggio al Quirinale, perché si sente «il primo impiegato dello Stato». Il Quirinale è il posto dove andare a lavorare, ma ogni sera Pertini torna nella sua piccola mansarda soppalcata, davanti alla fontana di Trevi, la casetta di quaranta metri quadri piena di foto e opere d'arte, dove lo aspetta la moglie Carla.

«Si chiacchiera, si discute, si guarda la televisione insieme.»

Ma Pertini viaggia anche molto, per essere dove c'è bisogno dello Stato nella sua massima espressione.

Pochi mesi dopo il suo insediamento, a Genova, le Brigate Rosse uccidono per la prima volta un uomo apertamente di sinistra, un operaio, un sindacalista di nome Guido Rossa, "colpevole" di aver denunciato un collega che sosteneva i terroristi.

La morte di Rossa scuote l'intero paese e in particolare Genova, città antifascista e storicamente schierata a sinistra.

Al funerale del sindacalista ci sono duecentocinquantamila persone e – nonostante il clima di paura e minaccia allo Stato – Pertini non può, non vuole mancare.

La presenza del presidente e le sue parole, in strada, sono un messaggio per il popolo italiano, chiamato a resistere a una nuova terribile minaccia.

«Io ho sempre sperato, nella vita, guai se mi avesse abbandonato la speranza. Ho sempre sperato perché credo nel popolo italiano.»

A Genova le Brigate Rosse sono forti di un consenso che viene anche da lavoratori che non sono terroristi, ma – al tempo stesso – non si sentono dalla parte dello Stato. Quando gli riferiscono che una parte dei portuali non prende davvero le distanze dalle posizioni estremiste che animano il terrorismo, Pertini manifesta la volontà di andare a parlarci nella loro "casa", il porto.

«Presidente, potrebbe essere difficile» gli fa notare il suo staff, nella speranza di farlo desistere, ma Pertini non è uomo che contempli la paura o la resa.

E così il presidente della Repubblica, un omino di ottantacinque anni, entra in una sala ostile piena di portuali. Il palco, basso, sembra preparato apposta per farlo scomparire: il capo dello Stato è al livello dei lavoratori.

Ma appena l'ex combattente prende la parola la sua voce è potente, a dispetto dell'età. Il piccolo signore con gli occhiali sembra un gigante nella sala, dove scende il silenzio.

Il concetto che le sue parole esprimono è netto, senza mezzi termini.

«Non vi parla il presidente della Repubblica» dice alla gente che lo ascolta. «Vi parla il compagno Sandro Pertini. Io le Brigate Rosse le ho conosciute, hanno combattuto con me contro i fascisti, non contro i democratici. Vergogna!» tuona.

Uno dopo l'altro i portuali iniziano a battere le mani, fino a che l'applauso non attraversa tutta la sala.

Pertini sceglie di essere vicino ai suoi cittadini soprattutto nella sofferenza.

Nel 1980 una bomba del terrorismo di destra esplode alla stazione di Bologna, uccidendo ottantacinque persone, e il presidente arriva in piazza, fra la gente, il viso sconvolto dal dolore. Quando gli chiedono cosa voglia dire su quella strage, esprime il pensiero di tutto il paese: «Non ci sono parole che possano esprimere quello che io sento. Non ci sono parole».

Ancora nel 1980 un tremendo terremoto scuote l'Irpinia, un sisma che sfiora il settimo grado della scala Richter e dura per novanta, interminabili secondi.

Il bilancio è agghiacciante: 2914 morti e oltre 8000 feriti, mentre i soccorsi dello Stato tardano clamorosamente ad arrivare. Sandro Pertini allora sale su un elicottero e si fa portare nelle zone disastrate, nonostante il parere contrario del presidente del Consiglio Arnaldo Forlani e di diversi ministri e consiglieri.

Al suo arrivo un uomo gli si avvicina e lo abbraccia, poi gli dice: «Presidente, io volevo dirle, però, che non abbiamo solo bisogno di parole».

«Lo so, caro amico, lo so. Io non ne faccio di parole. Le parole sono vane.»

E infatti, appena torna a Roma, Pertini fa un'altra scelta inattesa e potente, intervenendo in televisione a reti unificate, e si scaglia pubblicamente contro il ritardo dei soccorsi.

«Quello che ho potuto constatare è che non vi sono stati i soccorsi immediati che avrebbero dovuto esserci. Ancora dalle macerie si levavano gemiti, grida di disperazione di sepolti vivi.»

Ma attacca anche la politica, incapace di intervenire con provvedimenti legislativi in grado di arginare il dissesto del territorio e di far funzionare la Protezione civile.

Pertini chiede aiuto alla popolazione.

«Qui non c'entra la politica, qui c'entra la solidarietà umana, tutte le italiane e gli italiani devono mobilitarsi per andare in aiuto a questi fratelli colpiti da questa nuova sciagura. Perché, credetemi, il modo migliore di ricordare i morti è quello di pensare ai vivi.»

Dopo le parole del presidente il prefetto di Avellino si dimette, e anche il ministro dell'Interno rassegna le dimissioni, che il governo respinge; il paese tutto si mobilita per andare in soccorso dell'Irpinia con un numero enorme di volontari.

Più volte Pertini difende i cittadini del Sud Italia ammonendo tutti gli italiani di non associarli alla barbarie del crimine organizzato che, in quegli anni, uccide tanti uomini dello Stato.

Anche nella visione dei rapporti internazionali Pertini precorre i tempi, per esempio quando, nel 1981, nella Giornata mondiale dell'alimentazione, anticipa nel suo discorso l'ondata migratoria che arriverà molti anni dopo.

«Ricchi e poveri, siamo tutti legati allo stesso destino. La miseria degli altri potrebbe un giorno non lontano battere rabbiosa alla nostra porta. Esiste un legame di reciproca interdipendenza fra crescita del mondo industrializzato e sviluppo di quello emergente. Dobbiamo restituire ai popoli il senso dell'unità del pianeta.»

C'è un altro momento passato alla storia della presidenza Pertini, ed è legato a una partita di calcio.

Quando, l'11 luglio del 1982, allo stadio Santiago Bernabéu di Madrid, la nazionale italiana affronta la Germania Ovest, il presidente italiano siede sugli spalti insieme al cancelliere tedesco Schmidt.

È una sfida dal sapore particolare per Sandro Pertini, che ha combattuto i tedeschi in guerra e poi è stato in visita ufficiale in Germania per garantire l'amicizia tra i due paesi dopo il conflitto.

Nel momento in cui l'Italia, in vantaggio di un gol, segna il due a zero con Marco Tardelli, il presidente scatta in piedi ed esulta a braccia alzate. Quando Alessandro Altobelli insacca anche il terzo gol, Pertini, sorridendo, dice: «Ormai non ci prendono più».

Il presidente torna in Italia in aereo con la nazionale e gioca una partita a scopone, rimasta celebre, con l'allenatore Bearzot, il portiere Zoff e il centrocampista Causio.

Su un aereo presidenziale, invece, Pertini vorrà riportare personalmente a Roma, nel 1984, le spoglie di Enrico Berlinguer, leader del Partito comunista morto per un malore dopo un comizio politico.

«Lo porto via come un amico fraterno, come un figlio, come un compagno di lotta.»

Sandro Pertini conclude il suo mandato nel giugno del 1985.

Il 24 febbraio 1990, all'età di novantatré anni, muore per le complicazioni dovute a una caduta nella sua amata mansarda; le sue ceneri sono custodite nel cimitero del piccolo paese di Stella, in provincia di Savona, dove era nato.

Queste poche pagine non sono abbastanza per raccontare la vita di un uomo che ne ha vissute cento insieme, o forse milioni, come quelle degli italiani che non smisero mai di amarlo.

Ma per cercare di condensare il senso della sua esistenza può servire citare ancora le sue parole: «Più volte ho fatto il bilancio della mia vita. E tutte le volte sono arrivato a questa conclusione: se si avverasse per me il miracolo di Faust e mi fosse dato di ricominciare da capo, prenderei la stessa strada che presi ventenne nella mia Savona e la percorrerei con la fede, la volontà e l'animo di allora, pur sapendo di doverne pagare il prezzo, lo stesso prezzo che ho pagato. Così, giunto al termine della mia giornata, mi volgo a guardare la strada che ho percorso e mi sembra di aver speso bene la mia vita».

17

FIORI CHE ROMPONO L'ASFALTO

Storia di Marielle Franco e Mônica Benicio

La sera del 14 marzo 2018, a Rio de Janeiro, le radio trasmettono le notizie di una sparatoria con morti e feriti in Estrada João Paulo.

Non è certo qualcosa di cui stupirsi, in una città come Rio, dove nei primi sette mesi del 2018 si conteranno 4850 sparatorie con 895 morti. Sono i numeri di una guerra quotidiana, quelli registrati nella città più famosa del Brasile, in cui ogni sei ore una persona muore in modo violento. A Rio esistono persino delle applicazioni del cellulare che, invece di autovelox e traffico, segnalano le sparatorie in corso.

Il 14 marzo 2018 le vittime sono due: un uomo alla guida di una macchina crivellata da tredici colpi e la donna che siede accanto a lui.

Si salva solo la terza persona sull'auto, seduta sui sedili posteriori.

Eppure, persino nella violenta Rio de Janeiro, questa sparatoria è diversa dalle altre, perché uccide una speranza.

La voce si sparge con estrema rapidità nella metropoli, dove tantissimi conoscono una delle vittime, una donna di nemmeno quarant'anni riconoscibile per i suoi tantissimi capelli ricci, ma famosa per motivi diversi e più importanti della sua bellezza.

Marielle Franco è l'unica donna dalla pelle nera tra i cinquantuno membri del Consiglio comunale di Rio.

La sua storia inizia a Maré, una delle più grandi fra le oltre mille favelas di Rio, luoghi di povertà ed emarginazione sociale.

Sono agglomerati di poche case in muratura grezza e tettoie spesso costruite con il materiale cancerogeno Eternit, dove manca quasi sempre l'acqua potabile e un sistema fognario. Nelle favelas, abitate quasi esclusivamente da persone di pelle nera, sono pressoché assenti le strutture dello Stato e i narcotrafficanti dettano legge. La polizia militare, che dovrebbe combattere gli spacciatori, si rivela spesso altrettanto violenta e pericolosa e i suoi interventi, non di rado, si concludono con sparatorie e carneficine che possono coinvolgere vittime innocenti.

Il nome "favela", che in origine indica una pianta del *sertão* brasiliano, è stato dato dai soldati che per primi, alla fine del 1800, creano questi villaggi. Rimasti senza soldi perché lo Stato ha smesso di pagarli, si sono accampati sulle colline di Rio. Nel corso degli anni, sono arrivati a sostituirli molti schiavi liberati, ugualmente poveri, allontanati dal centro città. Nella seconda metà del Novecento, nelle favelas si sono aggiunti altri poveri, persone giunte da zone remote del Brasile per lavorare come manodopera nel boom dell'edilizia "ricca" nel centro di Rio o cittadini che sono scappati dai quartieri più bassi della metropoli, soggetti ad alluvioni devastanti, e cercano rifugio in altura.

Poveri che negli anni si sono stratificati ad altri poveri, e ad altri poveri ancora.

Le favelas di norma nascono intorno a una chiesa, in modo che lo Stato non possa intervenire per abbattere tutto.

Dei sei milioni di abitanti di Rio, circa un milione e quattrocentomila sono *favelados*, poveri e invisibili. Anche nelle carte geografiche della città le favelas non esistono, sebbene ci abiti il ventidue per cento della popolazione.

E povera e invisibile nasce anche Marielle Franco, nella favela di Maré, che si chiama così perché cresce sul mare a partire da un insieme di palafitte costruite negli anni Quaranta, ed è abitata da centoquarantamila persone.

In un territorio dove tantissimi bambini non vanno a scuola e vivono in strada, Marielle da subito sceglie un percorso diverso e fa l'ambulante con il padre già all'età di undici anni per mantenersi agli studi.

Crescendo, frequenta la chiesa come volontaria, insegnante per bambini, educatrice.

Come tantissime ragazze della favela ama la musica funk e adora ballare.

Come tantissime ragazze della favela diventa mamma molto giovane: a diciannove anni partorisce la figlia Luyara, concepita con un ragazzo con cui ha una storia brevissima.

Come tantissime ragazze della favela Marielle si trova sola con una bimba da crescere, e questo potrebbe determinare la fine dei suoi sogni, invece no: guadagnandosi borse di studio, Marielle si mantiene alla Pontificia Università Cattolica di Rio, frequenta la facoltà di Scienze sociali e si specializza nell'amministrazione pubblica. La sua tesi di laurea è dedicata alle favelas che lei conosce così bene e, in particolare, agli interventi per lo più fallimentari dello Stato per garantirne la sicurezza.

I suoi studi, le sue origini, il suo desiderio di cambiare tutto quanto di storto vede nel mondo trovano una spinta decisiva nella tragica morte di una sua amica, uccisa – come tanti altri innocenti – da un proiettile vagante. È il 2007 quando Marielle decide di entrare nella politica attiva.

Nel frattempo, nella sua vita è accaduta un'altra cosa.

A diciotto anni ha conosciuto una ragazza che si chiama Mônica Benício. Il loro incontro avviene di fronte alla favela di Maré, sull'autobus di una gita organizzata dalla parrocchia. Marielle ha fatto ritardare il bus per due ore, e Mônica l'ha aspettata arrabbiata, non vede l'ora di farsi sentire da quella sconosciuta ritardataria.

Ma appena si vedono, passa tutto, il sorriso e il carisma di Marielle sono disarmanti.

Marielle e Mônica impiegano alcuni anni prima di capire che la loro amicizia strettissima in realtà è un sentimento diverso.

Poi, un pomeriggio, si danno un bacio e non smettono di baciarsi fino a sera. Anzi, non smettono per quattordici anni, perché inizia in quel momento una lunghissima storia d'amore che diventa anche scelta politica, visto che nella cultura delle favelas dove entrambe sono nate e cresciute la relazione amorosa fra due donne non è assolutamente accettabile. Per questo motivo succede che le donne lesbiche delle favelas vengano violentate dagli uomini, con l'idea che in questo modo possano essere "guarite".

Marielle e Mônica, che nella vita è architetta, per anni devono lottare anche contro l'ostilità delle loro famiglie: portare avanti un amore osteggiato da tutti diventa una battaglia politica quotidiana, che in qualche momento le allontana l'una dall'altra, ma senza mai dividerle del tutto.

Come racconterà Mônica: «L'impegno di Marielle era condividere la nostra vita in pubblico, non nascondere la nostra relazione. Far vedere che era un amore legittimo, che era felice, che la nostra famiglia esisteva. Quindi tutti i giorni erano giorni per mobilitarsi, erano giorni di resistenza perché dovevamo affermare quotidianamente che il nostro amore era legittimo».

A Rio Marielle diventa una voce attorno a cui si raccolgono poveri, diseredati, discriminati, disabili. La comunità LGBT (lesbiche, gay, bisessuali, transgender) trova in lei una guida carismatica, una donna rigorosa nelle sue posizioni quanto capace di dolcez-

za. Marielle parla di «politica dell'affetto» e riesce a mettere in relazione tante persone che in lei trovano un proprio centro di gravità.

Si occupa in prima persona di difesa di diritti umani e civili e il suo seguito la porta, nel 2016, a candidarsi alle elezioni per un posto da consigliere comunale fra gli oltre millecinquecento candidati della gigantesca città di Rio.

Marielle è una donna nera, lesbica, *favelada,* mamma single in una politica per lo più dominata da uomini bianchi, ricchi, benestanti.

Marielle rappresenta una bomba sulla scena politica, quando va nelle favelas le persone la fermano, la abbracciano, le chiedono foto, come a una star della televisione. Non ha fondi economici che la sostengano né grandi partiti alle spalle, dispone solo della forza della sua credibilità.

Marielle, candidata per il partito Socialismo e Libertà, ottiene oltre quarantaseimila voti, risultando la quinta miglior candidata in assoluto e la seconda donna più votata.

Dei cinquantuno membri del Consiglio di Rio è la sola donna nera.

La neoeletta consigliera Franco presiede la commissione per i diritti delle donne, che in Brasile vengono calpestati brutalmente. Per dare un'idea: nel

2018 nello Stato di Rio de Janeiro trecentocinquanta donne sono state vittime di femminicidio e ci sono state dodici violenze sessuali al giorno.

Il problema della violenza colpisce anche gli omosessuali: in Brasile si registra in media oltre un morto al giorno fra le persone LGBT.

Marielle presenta un progetto per creare una giornata di visibilità per le donne lesbiche a Rio.

Visto che il Consiglio della città ha approvato un giorno del pompiere e uno del panettiere, a giudizio di Marielle non c'è motivo per cui non debba esistere anche un giorno dell'amore lesbico, ma la sua mozione viene sconfitta di due soli voti, diciannove a diciassette. Lei, addolorata, definisce il Consiglio «conservatore, reazionario e, cosa ancora più grave, fondamentalista». Però la sua non è solo una sconfitta, è anche una prima breccia: «Abbiamo tolto il Consiglio dalla zona di conforto, non per niente cerchiamo rappresentanze di donne, donne nere, lesbiche e donne delle favelas. Ci saranno molte donne lesbiche nel Consiglio».

Marielle segue da vicino anche il tema della violenza delle forze dell'ordine all'interno delle favelas, che si è aggravata con il tentativo dello Stato di riguadagnarne il controllo in occasione dei Mondiali di calcio del 2014. Nelle favelas sparano i criminali, ma spara anche la polizia, e l'uso della forza senza l'eliminazione delle cause profonde di diseguaglianza complica una situazione già drammatica.

Ci sono poi le milizie private formate da ex militari e poliziotti, una sorta di Stato parallelo che agisce in base a interessi economici privati. Le milizie impongono il pizzo, si fanno pagare per concedere energia elettrica, acqua potabile, canali televisivi. Si appropriano di terreni edificabili, ricattano, taglieggiano, uccidono per eliminare i loro nemici o su commissione.

Il 13 marzo 2018 il giovane Matheus Melo non si ferma con la sua moto a un posto di controllo: probabilmente non ha capito che gli agenti gli stavano intimando l'alt. La polizia gli spara due pallottole e non lo soccorre.

Matheus muore in ospedale, e Marielle sui social denuncia l'accaduto: «Quanti ancora dovranno morire prima che questa guerra finisca?».

Il giorno dopo è quello della sparatoria di Estrada João Paulo.

Marielle sta tornando a casa dall'ennesimo incontro sui diritti delle donne, a bordo di un'auto Uber, guidata da Anderson Gomes, papà di un bambino, quando una macchina li affianca.

Gli assassini non dicono nulla, sparano contro Marielle con un mitra, colpendola alla testa quattro volte e uccidendola sul colpo. Anche Anderson Gomes muore con lei.

Sopravvive soltanto Fernanda Chavez, assistente di Marielle che si è rannicchiata sui sedili posteriori mentre i killer sparavano contro l'auto.

Non ci sono dubbi che si tratti di un'esecuzione, perché gli assassini non rubano nulla, scappano e basta quando hanno finito il loro lavoro. Le pallottole usate per ucciderla sono state rubate da una partita destinata alla polizia militare.

Benché Rio sia una città abituata alla violenza e alla morte, per Marielle Franco migliaia di persone scendono in piazza, la ricordano, protestano, chiedono giustizia.

La domanda "Chi ha ucciso Marielle?" campeggia per mesi sulle magliette degli attivisti, che trovano in Mônica Benício una guida, una testimone capace di continuare, insieme ad altri, la lotta di Marielle, nonostante la tragica perdita della sua compagna.

La scuola di Samba di Mangueira, che vince la sfilata del Carnevale di Rio 2019, ospita sui suoi carri Mônica che sventola una bandiera con il viso sorridente di Marielle, altri suoi amici e un cartello con scritto: "Marielle presente". La popstar Katy Perry canta sotto una sua gigantografia e le dedica i versi di una sua canzone: «I love you unconditionally».

Queste manifestazioni servono a mantenere alta l'attenzione sulla morte di Marielle Franco e così, nel 2019, dopo mesi e mesi di ostacolatissime indagini, vengono arrestati due ex agenti della polizia militare, passati nelle milizie paramilitari di Rio come sicari.

Uno di loro, Ronnie Lessa, che ha perso una gamba in un attentato, è considerato l'uomo che ha materialmente sparato. Le indagini rivelano che Lessa vive nello stesso condominio del politico che, solo pochi mesi dopo la morte di Marielle, diventa presidente del Brasile: Jair Bolsonaro. E c'è di più, la figlia del killer è stata fidanzata di uno dei figli del presidente.

All'inizio del 2020, un altro criminale brasiliano, un ex poliziotto soprannominato "El Capitan" e ricercato come persona collegata all'omicidio, viene ucciso dai suoi ex colleghi mentre cercano di arrestarlo.

La moglie e la figlia di El Capitan avevano lavorato per il figlio del presidente Bolsonaro.

Ancora oggi in Brasile le indagini sull'omicidio di Marielle Franco, volte a ricostruire quanto in alto arrivino i collegamenti fra crimine e politica, vanno avanti.

Il presidente Bolsonaro, che Mônica ha definito «un fascista democraticamente messo alla presidenza», ha dichiarato che preferirebbe avere un figlio morto che omosessuale, favorisce l'uso massiccio delle armi e ritiene accettabile la tortura come strumento operativo della polizia.

Bolsonaro non ha mai condannato pubblicamente l'omicidio Franco, e anzi alcuni uomini del suo staff, durante la campagna elettorale che lo ha portato alla guida del Brasile, hanno pubblicamente distrutto una targa stradale dedicata a Marielle. Ma un anonimo donatore ha regalato altre mille targhe uguali che i sostenitori di Marielle hanno distribuito nelle strade di Rio.

Mônica Benício continua a chiedere giustizia per Marielle e ne porta avanti le battaglie.

«La sua voce non può essere messa a tacere, anche se il suo corpo è morto.»

In Brasile e all'estero, Mônica diffonde la voce dei poverissimi di Rio, dei "diversi", di quanti subiscono assassinii e violenze. Rivendica la loro esistenza, la loro umanità in un paese in cui omofobia e razzismo rimangono talmente forti che il politico brasiliano David Miranda, unico omosessuale del Parlamento e amico personale della Franco, è stato picchiato durante un'intervista televisiva da un altro politico e vive sotto scorta.

A Mônica serve tutto quel coraggio che non mancava a Marielle.

«Anche lei aveva delle paure. Di restare senza scarpe, degli scarafaggi, dei topi, di cose così. Ma era fantastica, era una delle persone più coraggiose che io abbia mai conosciuto. Le paure non l'hanno mai fermata.»

Dopo la morte di Marielle, Mônica ha scritto una toccante lettera pubblica per la sua amata, che si conclude con i versi del poeta Pablo Neruda: «Così ti amo perché non so amare altrimenti / che così, in questo modo in cui non sono e non sei, / così vicino che la tua mano sul mio petto è mia, / così vicino che si chiudono i tuoi occhi / col mio sonno».

18

SOLO QUELLO CHE DOVEVO FARE

Storia di Pierantonio Costa

Nelle strade ci sono dei posti di controllo, diversi da qualsiasi altro sia mai stato visto in Ruanda.

In questi posti di controllo uomini armati di mitra, pistole ma anche machete e mazze chiodate fermano tutti e chiedono i documenti.

Non importa se davanti hanno anziani, donne, bambini: se sul documento, alla voce "etnia", leggono "Tutsi", non domandano altro.

Uccidono la persona lì, seduta stante.

È un genocidio.

Questa parola deriva dal greco γένος, che significa

"stirpe" e dal verbo latino *caedere*, che significa "tagliare", "uccidere".

"Uccisione di una stirpe" è il significato letterale del termine coniato dal giurista polacco Raphael Lemkin, che più estesamente lo definisce come il "metodico sterminio di un intero gruppo etnico o religioso".

Si è parlato di genocidio per l'uccisione sistematica degli armeni da parte dell'Impero ottomano e, quindi, per l'assassinio degli ebrei messo in atto dal Terzo Reich.

I nazisti, infatti, praticarono lo sterminio metodico, pianificato e sistematico di vari gruppi etnici e religiosi: ne fecero le spese sei milioni di ebrei e mezzo milione di sinti e rom.

Ma in Ruanda, nel 1994, si assiste a un genocidio unico e forse mai superato per la sua rapidità, brutalità ed efficacia, che porterà a un numero vicino al milione di morti in soli cento giorni: uomini e donne, giovani e anziani, massacrati in uno dei più cruenti e vergognosi episodi che la storia dell'uomo possa conoscere e persino immaginare.

L'odio che si scatena tra gli Hutu e i Tutsi è, in realtà, privo di un reale motivo etnico. Le due etnie – come la terza, di gran lunga minoritaria, degli Twa – parlano la stessa lingua, praticano la stessa religione e hanno convissuto per secoli in Ruanda.

La differenza sostanziale è quella di classe sociale, nel senso che storicamente gli Hutu, molto superiori numericamente, si sono occupati di agricoltura e culti religiosi. I Tutsi, invece, provenienti dalla zona più settentrionale dell'Africa, rappresentano la parte aristocratica della società, sono i proprietari delle terre e del bestiame, i depositari del potere politico e militare.

È il mondo "civilizzato" a generare e poi esasperare il conflitto.

Nel 1919, al termine della Prima guerra mondiale, il Belgio ottiene il controllo del Ruanda, in precedenza colonia tedesca. Il governo belga "scommette" sui Tutsi come interlocutori privilegiati, riprendendo convinzioni razziste già diffuse tra i tedeschi, per cui i Tutsi, di antica provenienza nordafricana e vagamente differenti per alcuni tratti somatici (per esempio: una statura maggiore, lineamenti più "fini", un colorito leggermente più chiaro della pelle) sarebbero appartenuti a una razza superiore, più vicina a quella caucasica degli europei.

Dunque una razza più adatta al comando.

Questa teoria priva di fondamento assume però concretezza quando il Belgio introduce nel paese carte d'identità che distinguono etnicamente le persone: Hutu, Tutsi o Twa.

I belgi e i loro alleati francesi si appoggiano ai minoritari Tutsi, razza "superiore", per il governo coloniale. Al contrario, gli Hutu vengono utilizzati nei lavori di fatica e di manovalanza, nelle costruzioni, nei terrazzamenti; sui posti di lavoro sono i Tutsi a fare da padroni e i gli Hutu da esecutori.

I Tutsi vengono mandati a studiare, gli Hutu no.

Partendo da una differenza razziale inesistente i coloni riescono così a creare una divisione reale fra le etnie.

Negli anni Cinquanta, poi, ecco il secondo, tragico errore: visto che i Tutsi iniziano a chiedere l'indipendenza e minacciano la stabilità della colonia ruandese, il Belgio cambia posizione e sostiene gli Hutu, che dalla loro parte hanno una soverchiante forza numerica e la rabbia accumulata in anni di sottomissione.

Lo scontro fra etnie cresce ed esplode in violenze, gli Hutu limitano progressivamente i diritti politici dei Tutsi, molti dei quali sono costretti a emigrare. Rispetto ai decenni precedenti la situazione si è ribaltata e si diffonde l'idea che siano loro, i Tutsi, i membri di una "razza" inferiore.

Nel 1990 i Tutsi tentano di rientrare in Ruanda e danno inizio a una guerra civile che dura tre anni.

Arriviamo così al 1994, quando il conflitto etnico è ancora irrisolto e crescono gruppi paramilitari di estremisti hutu, vicini al presidente del Ruanda, il generale Habyarimana. La radio Mille Collines lancia continui messaggi di odio razziale contro i Tutsi, alimentando paura e ostilità.

In questo clima incandescente la tragedia esplode alle 20.21 del 6 aprile, quando l'aereo Falcon a bordo del quale vola il presidente Habyarimana, insieme al presidente del Burundi, viene colpito da due missili e abbattuto. Muoiono tutti i passeggeri.

Dell'attentato vengono immediatamente accusati i Tutsi: la radio Mille Collines lancia l'appello a sterminare «gli scarafaggi tutsi» e nelle strade della capitale Kigali gli estremisti Hutu organizzano posti di blocco per dare inizio al massacro indiscriminato.

Non si tratta di una guerra tra milizie, ma di persone armate che uccidono civili per lo più inermi solo in base alla loro presunta appartenenza etnica: se sulla carta di identità hai scritto "Tutsi" o "Twa", sei morto. Se sei alto, se hai la pelle più chiara, il naso più sottile, se – insomma – anche solo a guardarti sembri un Tutsi, sei morto ugualmente.

Lo stesso accade con i Twa.

L'attacco degli Hutu estremisti non colpisce solo le etnie rivali, ma anche i politici Hutu moderati che rifiutano la superiorità etnica. All'alba della stessa notte in cui muore il presidente Habyarimana, la casa della premier Agathe Uwilingiyimana viene circondata da miliziani Hutu.

La donna scappa nella villa dei vicini, ma loro la raggiungono, per poi violentarla e ucciderla.

I caschi blu belgi che dovrebbero difenderla sono neutralizzati. Dieci di loro vengono fatti prigionieri, portati in un campo militare e uccisi.

Il Belgio e l'Occidente, per reazione, invece di stimolare un intervento in forze del mondo civile, ritirano i caschi blu, lasciando in Ruanda pochissimi uomini del tutto impossibilitati a intervenire.

Il mondo rimane a guardare mentre si scatena un massacro senza precedenti a colpi di machete, coltelli, mazze.

Nel giro di cento giorni in Ruanda vengono uccise tra le ottocentomila e il milione di persone, in gran parte Tutsi, e duecentocinquantamila donne vengono stuprate, il tutto in un territorio grande quanto il nostro Piemonte.

In questo disastro i turisti e gli stranieri che lavorano in Ruanda sono già evacuati da tempo, ma qualcuno no, è rimasto.

Uno di loro è un uomo italiano.

Si tratta del console onorario Pierantonio Costa, imprenditore nativo di Mestre, che in quel momento ha cinquantacinque anni e ha già conosciuto la guerra: dopo essersi trasferito con la sua famiglia nella Repubblica del Congo, infatti, nel 1960 si è occupato di aiutare i rifugiati in fuga facendoli uscire dal Ruanda attraverso il lago Kivu, con l'aiuto dei suoi fratelli.

Ma Costa non ha mai visto né può immaginare ciò che lo aspetta in quel Ruanda, dove si è trasferito a vivere e lavorare con successo. Il paese che ama e dove ha conosciuto e sposato Mariann, una cittadina svizzera da cui ha avuto tre figli.

«La bestialità dell'uomo» risponderà quando gli domanderanno cosa ricorda di quei giorni.

Quella bestialità con cui, per esempio, il 16 aprile a Murambi circa sessantacinquemila Tutsi fra uomini, donne, bambini vengono stivati in una scuola, indifesi. L'edificio è attaccato dai paramilitari e le persone dentro si difendono usando le pietre. Ma quando arrivano rinforzi armati, il massacro si compie. Si salvano solo trentaquattro persone, ritenute morte per errore. Decine di migliaia di morti in una sola scuola.

«Quello che stava accadendo era al di là di ogni immaginazione. Osservavo quella barbarie pensando che millenni di civilizzazione e di convivenza erano solo un sottile strato di vernice sulla capacità dell'uomo di commettere atrocità, e di godere della sofferenza inflitta.»

Il console Costa non può restare inerte di fronte a questo scempio.

«Ho solo risposto alla voce della mia coscienza. Quando bisogna fare qualcosa, semplicemente lo si fa.»

Nel momento in cui scoppia la follia, Costa è in casa, con la famiglia. Gli arrivano notizie di amici italiani chiusi in casa e anche di tanti amici ruandesi e di etnia Tutsi che temono per la propria vita o sono già morti.

Una delle prime cose che fa, con la moglie, è cucire a mano alcune bandiere italiane con stoffe di fortuna e farle esporre all'esterno delle case in cui abitano persone che ritiene in pericolo. È un modo per far desistere chi volesse assaltarle.

Ma la situazione nelle strade è troppo pericolosa, cercare di aiutare qualcuno in Ruanda è diventato quasi impossibile; allora Costa va a sistemarsi nella proprietà terriera del fratello nel vicino e più sicuro Burundi, poi inizia a fare la spola dentro e fuori il confine ruandese.

Con l'aiuto del figlio Olivier e di alcune ONG, sfruttando il suo ruolo politico e i propri fondi economici personali, dai quali attingerà un totale di oltre tre milioni di dollari, facendo leva su contatti e amicizie maturati negli anni, Costa inizia a trasportare fuori dal Ruanda, per sottrarle al macello, quante

più persone riesce sulla sua jeep o mettendo insieme convogli umanitari improvvisati. Per superare i controlli attacca alla macchina quei tricolori che per molti disperati divengono emblema dell'unica salvezza possibile.

«Decisi che avrei operato così. Mi sarei vestito sempre allo stesso modo per essere riconoscibile: pantaloni scuri, camicia azzurra, giacca grigia. Distribuite nelle tasche – e sempre nello stesso posto – avrei messo banconote da cinquemila franchi ruandesi (circa venti euro), da mille, da cinquecento e, infine, da cento franchi, per essere sempre pronto a estrarre la cifra giusta, senza dover contare i soldi: la mancia dev'essere data nella misura giusta, se dai troppo ti ammazzano per derubarti, se dai troppo poco non passi. Nella borsa avrei avuto costantemente con me alcuni fogli con la carta intestata del consolato d'Italia, e sul fuoristrada ci sarebbero state le immancabili bandiere italiane. Quanto alla durata delle incursioni oltre confine, avrei evitato il più possibile di dormire in Ruanda e di viaggiare col buio.»

Il 23 aprile 1994 inizia la sua operazione con un convoglio di cinquantuno persone: tra loro, insieme agli ultimi italiani rimasti che Costa ha recuperato, ci sono anche alcuni ruandesi.

Il 4 maggio porta via i figli di un colonnello locale,

ma in cambio riceve una scorta armata e riesce a ottenere permessi per altre trentuno persone: quando gli viene chiesto un favore da qualcuno di ancora influente, lui accetta sempre, ma chiede in cambio altri favori per salvare persone, spesso del tutto sconosciute.

Su una strada di Kigali trova un ragazzo ruandese che vuole inserirsi con la sua macchina in un convoglio protetto da soldati europei, ma non ha abbastanza benzina. Costa va a farsi dare una tanica da un amico e gliela porta. «Tanto a te la benzina non serve più» dice all'amico.

Quando ritroverà quel ragazzo lui gli dirà che con la macchina ha portato via la sua famiglia: «Hai salvato cinque persone con venti litri di carburante».

Costa riesce ad aiutare i dipendenti della ditta italiana Astaldi e quelli delle proprie imprese, quaranta impiegati in un negozio di pneumatici, trenta in un altro, tre suore, un lavoratore che lui stesso aveva licenziato e tanti, tanti altri, mentre in Ruanda l'orrore impazza, la radio Mille Collines incita a «riempire le fosse, finire il lavoro». Purtroppo, gli assassini nelle strade si impegnano per riuscirci: nella sola capitale Kigali su trecentomila abitanti settantamila vengono massacrati.

«Ecco, forse oggi ho la risposta da dare a quanti, all'epoca, mi domandarono "chi te lo fa fare?".

Di fronte a quell'apocalisse mi afferrai a quei pochi brandelli di bene, al dare una mano al missionario, al carico di viveri da portare in un orfanotrofio, a un amico che potevo aiutare.»

Con le sue manovre Costa salva quasi duemila persone.

Deve fermarsi quando l'ultima volta che tenta il passaggio del confine gli dicono che non potrà più rientrare in Ruanda o sarà ammazzato.

Gli ultimi salvati sono trecentosettantacinque bambini di un orfanotrofio della Croce Rossa.

Soltanto il 23 giugno del 1994 l'arrivo di soldati francesi pone un freno al disastro prima della fine della guerra, dichiarata il 17 luglio 1994: il Fronte Patriottico Ruandese, non senza altre violenze e brutalità, riprende il possesso del paese e inizia l'esodo degli Hutu, sia gli autori del genocidio sia i civili stremati dalle malattie.

Dopo il massacro, sempre nel 1994, il Consiglio di Sicurezza dell'ONU ha stabilito la creazione del Tribunale penale internazionale per il Ruanda, un organo speciale per giudicare i responsabili del genocidio.

Il tribunale ha lavorato per oltre vent'anni, fino alla chiusura nel 2016, emettendo sessantuno condanne per genocidio, diverse delle quali all'ergastolo. Le condanne hanno colpito rappresentanti politici, capi militari ed esecutori materiali delle violenze, ma anche rappresentanti dei media che incitavano all'odio e al massacro etnico, compresi fondatori e speaker della radio Mille Collines.

Il governo di unità nazionale, guidato dal presidente Paul Kagame, negli ultimi anni è riuscito, non senza ombre autoritarie, a trasformare il Ruanda in uno degli Stati a più forte e rapida evoluzione del continente africano.

Rimane il ricordo dell'orrore e dei pochi esseri che restarono umani, come il console italiano Pierantonio Costa.

«Non l'ho fatto cercando il martirio, non l'ho fatto cercando l'eroismo. Ho fatto il mio dovere come console e poi verso me stesso, verso la mia coscienza.»

La sua opera gli varrà una Medaglia d'Oro al Valor Civile in Italia, un analogo riconoscimento in Belgio, e la menzione nei Giardini dei Giusti di Padova e Milano.

«Tra tanta violenza e tante sofferenze ho solo fatto quello che dovevo fare. È tutto.»

19

DIRITTO DI DIFESA

Storia di Nasrin Sotoudeh

Non di rado un regime si fa riconoscere per come tratta gli avvocati.

Quando, per il solo fatto di difendere i diritti dei loro clienti, rischiano essi stessi l'arresto, questo significa che il sistema giuridico, che dovrebbe permettere ai cittadini di tutelarsi contro gli abusi dello Stato, è cancellato e nessuno può più considerarsi al sicuro.

Questo successe, per esempio, nella Germania nazista, quando, nel 1933, l'avvocato ebreo Michael Siegel andò a chiedere conto alle autorità dei danneggiamenti contro i negozi del commerciante, anche lui ebreo, Max Uhlfelder. In uno Stato democratico, l'avvocato Siegel era abituato a essere ascoltato quando denunciava un fatto per conto dei suoi clienti. Invece quel giorno venne deriso e malmenato dalle camicie brune al servizio di Hitler, poi denudato e costretto a camminare per strada con un cartello al collo che diceva: "Non mi lamenterò mai più con la polizia".

Quando la foto che ritraeva Siegel in strada, mezzo nudo e umiliato, venne pubblicata negli Stati Uniti, il mondo rimase scosso, eppure non comprese davvero quanto di terribile stava per succedere in Germania, dove una parte della popolazione non aveva più alcun diritto, nemmeno quello fondamentale di difesa.

Purtroppo l'impossibilità di essere difesi è una realtà anche in questo preciso momento e in tanti luoghi del nostro mondo, dove avvocati e avvocatesse che cercano di tutelare i loro clienti diventano essi stessi imputati e vittime di governi illiberali.

La studentessa Nasrin Sotoudeh forse non immagina di correre questo rischio, quando sceglie di frequentare la facoltà di Giurisprudenza in Iran.

Il suo paese è stato fra le culle della civiltà e almeno fino agli anni Settanta del secolo scorso ha mostrato timide aperture nel campo dei diritti umani e l'idea di una nazione più "laica" rispetto alla rigida applicazione dei dettami della religione musulmana, con maggiori diritti alle donne.

Ma nel 1979 l'Iran si è trasformato in una "Repubblica islamica", dove la legge dello Stato coincide, in buona misura, con una stretta applicazione delle regole dettate dal Corano. Per chi viola le norme statali-religiose, i diritti umani non sono garantiti, e si ricorre ampiamente al carcere, a pene corporali e, soprattutto, alla pena di morte.

A partire dal 1979 e ancora ai giorni nostri chi viene imprigionato in Iran può essere costretto a confessioni forzate, a maltrattamenti, violenze e degradazioni di ogni genere, senza che nessuno paghi per questo.

La legge dell'Iran prevede anche la pena di morte e non solo per reati penali come l'omicidio, il terrorismo e la strage, ma anche per reati "religiosi", come le offese all'Islam e alle autorità religiose, e altri legati a motivi "morali", come la prostituzione, l'adulterio e l'omosessualità. Non è un caso che in Iran siano documentati casi di omosessuali che decidono di cambiare sesso con un'operazione chirurgica solo per sfuggire al rischio di persecuzioni.

Quello che alcuni hanno efficacemente definito il "fascismo religioso" iraniano tra il luglio del 2013 e la fine del 2019 ha mandato a morte 3883 prigionieri.

Nel 2019 sono stati 285, di cui 17 donne e, persino, 8 minorenni. L'uccisione per pena capitale di minori è una tragedia che avviene in pochissimi paesi del mondo.

Al tempo stesso, il governo teocratico dell'Iran si è macchiato negli anni di una profonda corruzione e il paese vive attualmente una grave crisi economica e sociale; le contestazioni della popolazione, però, si concludono spesso con forti interventi repressivi.

Il percorso di studi dell'avvocatessa Nasrin Sotoudeh è lunghissimo, perché lei è una donna e nascere donna in Iran costituisce già una sorta di mutilazione dei diritti. La società maschilista iraniana, ispirata a una visione radicale dell'Islam, concepisce le donne prima di tutto nel ruolo di mogli e madri. Nonostante i due terzi dei laureati iraniani siano di sesso femminile, l'accesso al lavoro è più complicato per loro e le più rilevanti cariche pubbliche restano in mano agli uomini.

I matrimoni sono per lo più imposti dalle famiglie, le mogli devono sottostare all'autorità del marito, che ha molta più facilità nell'ottenere un divorzio e la custodia dei figli, per esempio. Le donne non hanno adeguate tutele in caso di violenze domestiche e in pubblico sono costrette a coprirsi completamente il corpo, lasciando liberi solo il viso e le mani. Quel velo che dovrebbe essere una libera scelta religiosa è, invece, un'imposizione dello Stato.

Alle donne iraniane è sconsigliato di usare la bicicletta perché rischiano di mostrare le caviglie o parte dei capelli e ancora nel 2019 agli autisti degli autobus è stato chiesto di segnalare quelle passeggere che lascino cadere il velo o mostrino parte della chioma.

In questo ambiente così complicato, Nasrin si laurea in legge a trentadue anni, nel 1995, ma deve aspettarne altri otto per poter ottenere il permesso a esercitare la professione.

Inizia a farlo a quarant'anni, lavorando per lo Stato che diventerà il suo persecutore: prima è impiegata presso l'Ufficio legale del ministero dello Sviluppo urbano, poi nella sezione legale della banca statale Tejarat.

Non ci mette però molto a capire che lei desidera spendere la sua competenza per il sostegno agli attivisti per i diritti umani, agli oppositori del governo iraniano e per i diritti delle donne. Dopo i tanti casi di militanti, intellettuali, giornalisti, è la vicenda giudiziaria di una donna condannata a morte quella che, nel 2010, segna la vita di Nasrin: si tratta della difesa di Zahra Bahrami, cittadina olandese-iraniana accusata inizialmente di aver svolto "attività sovversive", ovvero di aver partecipato a una protesta di piazza durante il periodo elettorale dell'anno prima.

L'Iran si proclama "Repubblica islamica" ma, come ogni dittatura, nei fatti soffoca proteste e contestazioni.

Grazie al lavoro di Nasrin, l'accusa contro Zahra Bahrami decade, ma durante una perquisizione gli agenti trovano oppio e cocaina in grandissime quantità nella casa della donna, sebbene lei non abbia mai fatto uso di droghe né spacciato alcuno stupefacente.

«Non ha nemmeno mai fumato una sigaretta!» si dispera la figlia, accusando le autorità di aver ordito una macchinazione per incastrare Zahra alla quale, nonostante la doppia cittadinanza, viene negata l'assistenza legale offerta dal consolato olandese.

Infischiandosene delle proteste internazionali e delle reazioni diplomatiche che chiedono clemenza e tutele giuridiche per l'imputata, l'Iran condanna a morte e impicca Zahra Bahrami. Quindi procede contro Nasrin Sotoudeh, che ha cercato di difenderla: l'avvocatessa viene arrestata nel 2011, interdetta dalla professione per dieci anni e condannata a sei di reclusione, senza la possibilità di ricevere visite in carcere.

Nasrin risponde con una serie di scioperi della fame in prigione, arrivando a non mangiare per quaranta giorni di seguito.

Il premio Nobel per la Pace Shirin Ebadi, avvocatessa e scrittrice iraniana costretta all'esilio per le minacce e le persecuzioni subite, dichiara che «la signora Sotoudeh è una degli ultimi avvocati coraggiosi rimasti, che ha accettato tutti i rischi di difendere le vittime di violazioni dei diritti umani in Iran».

Il Parlamento europeo le attribuisce il premio Sacharov per la libertà di pensiero e questo accresce l'attenzione internazionale per la sua causa, finché, nel 2013, Nasrin viene liberata senza alcuna motivazione.

Nonostante l'amore per il marito Reza Khandan e i loro due figli, l'avvocatessa Sotoudeh continua a rischiare la propria libertà e incolumità per occuparsi delle donne.

Realizza una raccolta di interviste, relazioni e articoli dedicati al genere femminile in Iran per la rivista «Daricheh»; ma, una volta concluso il lavoro, la pubblicazione le viene negata perché il tema è troppo scomodo e pericoloso.

Nel frattempo la morsa del regime riprende a stringersi su Nasrin quando sceglie di difendere un gruppo di ventinove donne soprannominate "le ragazze di Enghelab Street" che – tra la fine del 2017 e l'inizio del 2018 – hanno osato violare l'obbligo di portare il velo in pubblico togliendoselo in strada davanti a tutti, restando a capo scoperto e, in qualche caso, sventolandolo come una bandiera. Un atto di coraggio e rivendicazione della loro libertà di vestirsi come credono e non come impone la legge di uno Stato confessionale.

Nasrin difende le attiviste, scelta che paga duramente.

«Era il pomeriggio di una giornata della primavera del 2018 quando un gruppo di agenti dell'ufficio del pubblico ministero e del ministero dell'Intelligence è venuto ad arrestarmi mentre ero in casa da sola. Mi hanno portato al carcere di Evin in un taxi verde. Ero stata condannata in contumacia a cinque anni di carcere per la mia attività di avvocatessa per i diritti delle donne e per i diritti umani.»

Sotoudeh finisce nel reparto femminile del carcere, dove quaranta detenute sono stipate in tre stanze.

«Le occupanti sono attiviste dei diritti umani e dei diritti delle donne, attiviste civili e ambientali, appartenenti alle minoranze religiose e mistiche, componenti di movimenti sindacali e donne con doppia cittadinanza accusate di spionaggio. Nessuna delle ragazze di Enghelab Street, le donne che hanno protestato contro la legge iraniana sul velo obbligatorio, è qui. Ma alcune delle mie compagne di cella sono le giovani donne che l'anno scorso, in occasione della Giornata internazionale della donna, sono andate in metropolitana a Teheran, hanno parlato con i passeg-

geri e hanno distribuito fiori. In un'altra occasione, loro stesse mi hanno sostenuto, esibendo le mie foto nella metropolitana. Per questo motivo, hanno subito pesanti condanne che accrescono il mio senso di responsabilità.»

Per il processo contro Nasrin Sotoudeh lo Stato nomina il giudice Mogheiseh, famoso per aver condannato duramente giornalisti, minoranze etniche, oppositori politici del governo.

A Nasrin non viene concesso un avvocato difensore di fiducia, cosa che calpesta qualsiasi nozione di diritto ed equità del processo. Per protesta, lei non si presenta nell'aula di tribunale.

Nel marzo del 2019 il giudice Mogheiseh le infligge il massimo della pena per ogni singolo reato fra i molti di cui è accusata e la condanna a trentatré anni di carcere. A questi sono aggiunti i cinque ancora da scontare per la prima condanna e la pena corporale di centoquarantotto frustate che, vista la corporatura esile della donna, potrebbe facilmente cagionarne la morte.

La legge iraniana prevede però che, in presenza di più di un reato, si sconti in carcere "solo" la pena per il più grave di essi; nel caso di Nasrin si tratta di "deviazione morale e istigazione alla prostituzione", per cui sono previsti dodici anni di prigionia.

Restano però ancora incertezze dovute all'impossibilità per la stessa famiglia della Sotoudeh di accedere agli atti processuali.

Il tutto tenendo presente che in Iran è accaduto che diversi attivisti incarcerati fossero liberati senza spiegazioni per essere poi arrestati nel giro di poco, con nuove accuse.

La mancanza di "certezza della pena" è l'ennesimo strumento con cui il regime tiranneggia i suoi cittadini.

Oggi, in carcere, Nasrin si dedica all'artigianato e tiene lezioni private sui diritti umani alle altre detenute. Suo marito e i suoi figli possono avere contatti con lei solo una volta alla settimana, per quaranta minuti, alternando una settimana in cui le parlano tramite un telefono e delle cuffie a una in cui la possono vedere di persona.

Per Reza è difficile lottare pubblicamente in difesa di sua moglie, visto che lui stesso è già stato arrestato e liberato su cauzione, ha il divieto di abbandonare il paese, non può rilasciare interviste o scrivere sui giornali e gli è proibito usare i social media: per il solo fatto di aver fornito aggiornamenti pubblici via Facebook circa la situazione di Nasrin ha ricevuto una condanna di sei anni. L'esecuzione della pena è stata "sospesa", ma potrebbe essere applicata in qualsiasi momento con uno spostamento in carcere, se Reza facesse ancora indispettire il regime.

Come ogni dittatura il governo dell'Iran teme più di tutto di vedere denunciate le sue ingiustizie. Per questo è fondamentale, per Nasrin, che si continuino a raccontare il suo caso giudiziario e la sua storia.

Inserirla in questo libro è un atto politico per tentare di aiutarla e per ricordarci quanto ancora, in molti luoghi del mondo, le libertà meravigliose di cui noi godiamo (di andare dove vogliamo, dire ciò che pensiamo, vestirci come desideriamo, essere difesi da un avvocato, avere diritto a un giusto processo, non essere torturati, frustati o condannati a morte) sono ben lontane dall'essere garantite.

Mentre scrivo queste parole, Nasrin ha iniziato un nuovo sciopero della fame per chiedere la liberazione dei detenuti politici, visto che in Iran molte persone si ammalano e muoiono di Coronavirus e le prigioni affollate sono un moltiplicatore del contagio.

L'8 marzo 2020, in occasione della Giornata internazionale della donna, Nasrin ha scritto, dal carcere: «Continuo a guardare indietro e a rivedere il percorso che abbiamo fatto. Dove abbiamo sbagliato? Perché non ci siamo riusciti? Perché il nostro governo non è riuscito a guidarci come si deve? Perché non abbiamo saputo resistere in modo efficace e pacifico? In questa Giornata internazionale della donna, mentre un virus mortale infetta il mio paese, tendo la mano e come cittadina, con voce gentile, chiedo al governo di porre fine alla sua animosità verso il mondo, di guardare il mondo con gli occhi della pace e di fidarsi della vita e degli esseri umani. Chiedo agli attivisti per i diritti umani di aiutarci nel nostro impegno pacifico».

E allora facciamo quello che possiamo per Nasrin: parliamo della sua storia, informiamoci dei suoi sviluppi, cerchiamo notizie sul web, firmiamo le petizioni che ne chiedono la liberazione, non lasciamo che lei, come troppi altri, sia dimenticata in uno Stato che cancella i diritti fondamentali dei suoi cittadini e, soprattutto, delle sue cittadine.

20

UN COLPO CHE NON PUÒ ESSERE FERMATO

Storia di Lew che divenne Kareem

Il mio primo libro per ragazzi, uscito nel 2018, si intitolava *Abbiamo toccato le stelle* e raccoglieva storie di campioni capaci di cambiare il mondo non solo con le vittorie ma anche con la forza delle loro scelte.

A volte, durante le presentazioni di quel testo, il pubblico mi ha domandato se ci fosse una storia che avevo il rimpianto di non aver inserito e, in effetti, una c'è davvero, ed è una vicenda di sport e coraggio con cui vorrei chiudere questa raccolta.

Riguarda un uomo che probabilmente non avete mai sentito nominare, anche se ora vi spiegherò come, in realtà, sia molto più celebre di quanto non si creda.

Quell'uomo nasce con il nome di Ferdinand Lewis Alcindor Junior e, quando il mondo inizia a parlare di lui, nel 1967, è ancora uno studente.

Ferdinand Lewis – per gli amici solo "Lew" – è un gigante di due metri e diciotto che gioca a basket nel campionato dei college per la fortissima squadra della UCLA, l'università della California. Già al liceo Lew ha fatto parlare tutti di sé trascinando la squadra della sua scuola di Harlem al record pazzesco di settantuno vittorie consecutive.

Quando arriva alla UCLA, si impone come un giocatore dalla forza superiore, un muro invalicabile in difesa e un micidiale realizzatore in attacco, grazie anche alla sua statura.

Per questo motivo il campionato universitario statunitense istituisce una nuova regola: le schiacciate sono vietate. La motivazione non viene chiaramente spiegata, ma è palese che si tratta di un tentativo di limitare lo strapotere di Alcindor e rendere più equilibrata la competizione.

Senza poter schiacciare a canestro, Lew ha perso una delle sue armi più efficaci, ma non si fa abbattere. Per aggirare il problema rispolvera e affina un vecchio tiro che praticava da bambino, quando giocava a basket contro ragazzi maggiori d'età e più alti di lui. Per non farsi stoppare, si girava di lato, come di traverso, e con il corpo teneva lontano il marcatore. Poi saltava, con la mano più esterna, lanciando la palla verso il canestro.

Nel momento in cui il basket universitario gli vieta le schiacciate, Lew ricomincia a fare quel tiro di quando era bambino, solo che ora lo esegue dall'alto dei suoi due metri e diciotto, inventandosi un colpo nuovo, unico, incontrastabile. La palla si stacca dalla sua mano senza che nessuno possa sfiorarla e vola in una parabola, disegnando una specie di arco verso il canestro.

Nei tre anni della sua permanenza alla UCLA, la squadra di Lew perde solo due partite.

Alcindor è il giocatore più celebre di tutte le università, destinato a contratti milionari all'NBA. È, però, anche un ragazzo sensibile e intelligente, uno studente che non perde di vista il mondo fuori dall'università. Conosce bene le strade di Harlem, dove è cresciuto, e le condizioni in cui vivono gli afroamericani, dunque non può far finta di niente solo perché ora la sua vita è migliore.

«Io sono la star del basket, io sono l'eroe del fine settimana e tutti sono americanissimi, in quel momento. Bene, la scorsa estate sono stato quasi ucciso da un poliziotto razzista che sparava a un gatto nero, ad Harlem. Sparava in strada, dove un sacco di persone erano in giro o passeggiavano. Ma non gli importava: dopotutto eravamo solo negri. Ho scoperto, la scorsa estate, che a noi tocca l'inferno non perché non siamo star del basket o non abbiamo soldi. Ci tocca l'inferno perché siamo neri.»

I campioni neri, quelli dell'atletica leggera in particolare, ma anche del basket come Lew, sono osannati per i loro risultati e i record in pista e sul parquet, ma, una volta usciti dai campi sportivi, vivono da cittadini di serie B: fuori dall'università possono ottenere solo lavori di manovalanza, non trovano appartamenti da affittare, non possono frequentare gruppi di studio o avere relazioni con ragazze bianche, non possono avere un allenatore-capo nero perché quel ruolo è accessibile solo ai bianchi. I neri possono diventare, al massimo, aiuto-allenatori.

Gli atleti di colore non sono ammessi in determinati circoli sportivi, vengono fatti oggetto di razzismo in alcuni Stati conservatori dove ancora, per esempio, devono usare servizi igienici separati da quelli dei bianchi. E gli sportivi sono comunque fra i più fortunati: il resto della popolazione afroamericana è costretto a lottare continuamente contro razzismo, violenza, discriminazione.

«Da qualche parte ognuno di noi deve prendere

una posizione contro tutto ciò. E questo è il modo in cui io prendo una posizione, usando quello che ho. E prendo la mia posizione qui.»

Con queste e altre clamorose parole Lew Alcindor si schiera a fianco degli atleti neri che intendono boicottare le Olimpiadi di Città del Messico del 1968, come proposto dal Progetto olimpico per i diritti umani per denunciare a tutto il mondo la discriminazione razziale che ancora esiste negli USA.

È un sostegno pesante, il suo, visto che è la stella della squadra di basket americana, il ragazzo prodigio di cui scrivono tanti giornali.

Man mano che le Olimpiadi si avvicinano, però, la compattezza della contestazione si sfalda. Tutti, compreso Lew Alcindor, ricevono minacce costanti e violente. Ad alcuni degli atleti-attivisti arrivano proiettili per posta, messaggi che li invitano a «tornare in Africa» e li accusano di essere antiamericani.

Poco prima dell'inizio della competizione tutti gli atleti coinvolti si riuniscono per votare la decisione finale: boicottare o no, stare a casa o andare alle Olimpiadi.

Da una parte c'è chi, come Lew, è disposto a portare fino in fondo la lotta, dall'altra chi ha troppa paura per protestare o si è convinto che, ormai, qualsiasi azione sia inutile.

Non solo, molti di quei ragazzi non vogliono perdere l'occasione della vita, partecipare alle Olimpiadi e far risplendere il lavoro di anni davanti al mondo intero. Vogliono lottare per conquistarsi le medaglie, hanno paura di essere rimpiazzati da altri come in una catena di montaggio: fuori uno, dentro un altro disposto a cogliere l'occasione che ti sei lasciato scappare.

Così, quando si va al voto, vince nettamente il No. La riunione decide che i campioni neri andranno ai Giochi e ciascuno, semmai, potrà manifestare il proprio dissenso come vorrà, singolarmente.

Gli appassionati di sport e i conservatori degli Stati Uniti festeggiano.

C'è una persona, però, che non cede.

Lew Alcindor non si arrende e non ci va lo stesso, alle Olimpiadi del Messico.

È l'unico atleta a boicottarle.

La sua decisione solitaria e caparbia scatena una tempesta di critiche, epiteti razzisti e minacce di morte. Lew diventa l'obiettivo dell'odio di un intero paese.

Eppure non torna indietro.

«Volevo davvero, davvero far parte della squadra e giocare con i migliori. E poi l'avventura di andare in Messico e incontrare atleti di tutto il mondo intrigava il ragazzo che era in me. Ma il pensiero di andare lì a divertirmi mi sembrava egoista rispetto alla violenza razziale che il paese viveva. Solo perché io ero riuscito a prendere una scialuppa di salvataggio, questo non significava che potessi dimenticare quelli che non c'erano riusciti. O che non dovessi provare a salvare la nave successiva dal naufragio.»

Dunque Lew non parte, consapevole che in un'America ancora fortemente razzista quella presa di posizione può significare la sua fine sportiva.

Ma è talmente forte che, finito il college, diventa ugualmente un professionista dell'NBA e approda nei Milwaukee Bucks. Anche ora che non ha più vincoli di sorta e può tornare a schiacciare come vuole, Lew continua a usare il suo tiro speciale, per cui viene coniato anche un nome apposito: *skyhook*, ovvero "gancio cielo", per il modo in cui il giocatore si stacca da terra, salta altissimo e, con la mano piegata a uncino per tirare, sembra agganciarsi al cielo.

A questo punto, forse, vi chiederete perché non avete mai sentito parlare di questo incredibile Lew Alcindor.

Il fatto è che è divenuto famoso con un altro nome, quello che assume nel 1971, quando prende un'altra decisione che fa discutere tutti gli Stati Uniti.

«Ho capito che quel Lew Alcindor che tutti celebravano non era davvero la persona che loro si immaginavano. Mi volevano come un esempio pulito di uguaglianza razziale, il ragazzo da copertina buono per tutti quelli che – a dispetto della razza, della religione, della condizione economica – volessero inseguire il sogno americano. Per loro io ero la prova vivente che il razzismo non esisteva.»

Ma il razzismo esiste e la storia americana lo porta inciso nei secoli, e allora questo grande giocatore di pallacanestro figlio di genitori cristiani, eccellente studente e avido lettore, sempre corretto in campo e puntuale negli allenamenti, si ribella all'immagine che il mondo ha scelto per lui.

Dopo anni di studi religiosi personali, nonostante la contrarietà della famiglia e la difficoltà di una scelta privata che – vista la sua fama – diventa per forza pubblica, Lew Alcindor decide di lasciare la fede cattolica per quella musulmana. Non vuole più essere legato alla Chiesa, che – a suo giudizio – nella storia ha avallato troppo a lungo la schiavitù e le depredazioni dell'Africa, il continente di cui è originario. Alcindor è, infatti, il cognome del coltivatore francese "proprietario" degli avi di Lew, originari della Nigeria e poi venduti come schiavi per essere deportati negli Stati Uniti. Ogni padrone dava il proprio cognome ai suoi schiavi, molti dei quali erano originariamente musulmani.

Il campione sente di ritrovare nell'Islam un retaggio delle sue origini e, per lo stesso motivo, ha bisogno di cancellare quel nome che gli è stato imposto dalla schiavitù: non sarà più Lew Alcindor, ma Kareem Abdul-Jabbar, che identifica "un uomo nobile, servitore dell'Onnipotente".

Nell'NBA, in una lunghissima carriera che lo terrà sui campi sino ai quarantadue anni, Kareem Abdul-Jabbar vincerà ben sei titoli, superando i trentottomila punti e diventando il miglior marcatore di sempre del basket americano. Formerà una delle squadre più grandi della storia, nei Los Angeles Lakers, insieme a Earvin "Magic" Johnson.

Il celeberrimo allenatore di basket Pat Riley ha definito il gancio cielo che Kareem ha inventato da ragazzino «la singola arma più devastante della storia della pallacanestro».

Jabbar è stato eletto il più grande giocatore nella storia del basket universitario e il secondo miglior giocatore di sempre dell'NBA dopo Michael Jordan.

Negli anni è rimasto un coraggioso attivista per i diritti civili, schierato contro le ingiustizie e a favore della tolleranza religiosa, autore di memoir e libri per bambini.

Si è fatto portavoce di una visione spirituale dell'Islam e della strenua difesa dei suoi valori di pace: «Gli

33

atti di aggressione, terrorismo e disumanità commessi da coloro che sostengono di essere musulmani hanno fatto sì che il resto del mondo abbia paura di noi. Ignorando le pratiche di pace di oltre un miliardo e mezzo di musulmani, hanno visto solo la parte peggiore. Parte della mia conversione all'Islam è assumermi la responsabilità di far conoscere agli altri la mia religione, non per convertirli, ma per convivere con loro attraverso mutuo rispetto, sostegno e pace. Un solo mondo non ha bisogno di avere una sola religione, ma un unico credo: vivere in pace».

Kareem Abdul-Jabbar ha continuato a lanciare scialuppe di salvataggio alle persone in difficoltà e ha fondato un'organizzazione per dare opportunità educative e programmi di alfabetizzazione ai ragazzi meno abbienti: l'ha chiamata proprio Skyhook Foundation, perché, ha detto, «bisogna dare ai ragazzi la possibilità di non farsi fermare da nessuno», come il suo gancio.

Nel 2012 è stato ambasciatore culturale globale degli Stati Uniti e nel 2016 il presidente degli Stati Uniti Barack Obama lo ha premiato con la Medaglia presidenziale della Libertà, la più alta onorificenza civile del paese, non solo per i suoi meriti di atleta, ma anche per il suo impegno come filantropo, attivista civile, promotore di pace, difensore della libertà religiosa.

Kareem Abdul-Jabbar è stato il solo a non andare ai Giochi di Città del Messico del 1968, eppure è anche l'uomo che, più degli altri, ha disegnato con la sua vita un cerchio perfetto.

Come quelli olimpici.

RINGRAZIAMENTI

Per *Come fiori che rompono l'asfalto* devo ringraziare due editor.

Il primo è Alessandro Gelso, oggi al Battello a Vapore, che seguì *Abbiamo toccato le stelle* e con cui nacque l'idea di un seguito lontano dallo sport.

Quell'idea l'ho portata a compimento con Stefania Di Mella, che ne ha assunto il testimone e mi ha permesso di mettere insieme un lavoro organico, equilibrato, in linea, ma anche distante, rispetto a quello che lo precede.

Un grazie molto grande a Claudia Fachinetti che

segue (anche) l'ufficio stampa di Rizzoli Ragazzi, capace di essere insieme un'instancabile professionista, un'eccellente organizzatrice di eventi e una cara amica.

Anche per questo libro, come per il precedente, mi sono potuto avvalere del lavoro meraviglioso di Piero Macola che, con la sua matita, ha saputo interpretare al meglio il cuore delle mie storie. I suoi disegni continuano a essere un valore aggiunto al mio lavoro.

Valeria Riboli, invece, mi ha aiutato ad andare a caccia degli errori e delle sviste, evitandomi dolorosi scivoloni.

Ringrazio Roberta Balestrucci Fancellu che mi ha fatto scoprire la storia di Ken Saro-Wiwa attraverso la graphic novel che ha curato insieme ad Anna Cercignano, *Ken Saro-Wiwa, storia di un ribelle romantico* (Becco Giallo, 2018), e mi ha aiutato con la revisione del testo inserito in questo libro.

Grazie alla giornalista Donatella Alfonso per il prezioso contributo sul pezzo dedicato a Guido Rossa, la cui storia ha raccontato con una profonda ricerca e un'attenta analisi nel libro scritto con Massimo Razzi *Uccidete Guido Rossa* (Castelvecchi, 2019).

Grazie alla giornalista Tiziana Ciavardini per le informazioni sul caso di Nasrin Sotoudeh di cui lei ha scritto e parlato ripetutamente. Dopo aver pubblicato una propria foto con in mano un ritratto di Nasrin, la stessa Tiziana ha ricevuto via Facebook le minacce di un diplomatico iraniano: «Attenta, non sono affari tuoi»; questo per far capire quanto sia importante il lavoro di chi racconta e si fa testimone del mondo. Potete leggere il suo libro *Ti racconto l'Iran: i miei anni in terra di Persia* (Armando Editore, 2019).

Per la vicenda di Pierantonio Costa mi sono avvalso anche del memoir che il console ha firmato insieme a Luciano Scalettari, *La lista del console* (Edizioni NordSud, 2004).

Per la storia di Anna Politkovskaja mi è stata di grande aiuto la graphic novel di Igort *Quaderni russi* (Mondadori, 2011).

La vicenda di Kareem Abdul-Jabbar è narrata anche nel mio podcast *A pugni chiusi* sul portale storielibere.fm. Il portale ospita anche il podcast *1989,* dove racconto, fra le altre, le vicende di Mimmo Sesta e Luigi Spina e quella del rocker cinese Cui Jian.

Grazie a un altro podcast di storielibere.fm (*Morgana*, scritto da Michela Murgia e Chiara Tagliaferri) ho approfondito la storia di Marielle Franco e Mônica Benício. Michela Murgia ha anche accettato di aiutarmi a rivedere il pezzo su Marielle e Mônica che avete letto. Una volta ancora grazie della tua amicizia, cara Michela.

Grazie al mio lettore Alessandro Ravera per avermi suggerito via Facebook la storia, quasi ignota e così preziosa, di Dimităr Pešev.

Grazie a mia mamma, Biancamaria Vivaldi, custode dei ricordi dei suoi genitori Aldo e Anna: per inserirli in questo libro siamo andati a rovistare nelle vecchie carte e fotografie. Mio zio Antonio, invece, ha ricordato alcuni dettagli che l'hanno precisata e arricchita.

E grazie a mio nonno Aldo, per aver avuto il coraggio di scegliere la cosa giusta.

Grazie, ancora una volta, a Silvia Noli, Paolo Piana, Sara Peirano, Giorgio Gazzaniga per la presenza costante, i messaggi, le parole, i pensieri, le attenzioni quando più ne ho avuto bisogno.

Un pensiero speciale a Roberta Santoni, che ha contribuito in modo decisivo alle storie di Carlos Caszely, Pierantonio Costa, Marielle Franco.

Non so quante persone lei abbia salvato, nelle sale operatorie di mezzo mondo, con bisturi e suture. Ma posso dire che ogni giorno, con il suo sorriso, salva un pezzo di me.

INDICE

SIAE DALLA PARTE DI CHI CREA
Aut. B - 00 - 2023

Finito di stampare nel mese di febbraio 2023 presso
Elcograf S.p.A. – Stabilimento di Cles (TN)
Printed in Italy